新中国第一任县委书记

XINZHONGGUO DIYIRENXIANWEISHUJI

许宝健 等著

中共中央党校出版社
The Central Party School Publishing House

图书在版编目（CIP）数据

新中国第一任县委书记 / 许宝健等著. --北京：中共中央党校出版社, 2019. 9
ISBN 978-7-5035-6558-8

Ⅰ. ①新… Ⅱ. ①许… Ⅲ. ①政治人物-生平事迹-中国-现代 Ⅳ. ①K827 =7

中国版本图书馆 CIP 数据核字（2019）第 121102 号

新中国第一任县委书记

责任编辑 李瑞琪 任 典
版式设计 苏彩红
责任印制 陈梦楠
责任校对 魏学静
出版发行 中共中央党校出版社
地　　址 北京市海淀区长春桥路 6 号
电　　话 （010）68929580（办公室） （010）68929899（发行部）
（010）68922815（总编室） （010）68929342（网络销售）
传　　真 （010）68922814
经　　销 全国新华书店
印　　刷 中煤（北京）印务有限公司
开　　本 700 毫米 ×1000 毫米 1/16
字　　数 200 千字
印　　张 15.75
版　　次 2019 年 9 月第 1 版 2019 年 9 月第 1 次印刷
定　　价 45.00 元

网　　址：www.dxcbs.net **邮　　箱**：zydxcbs2018@163.com
微 信 ID：中共中央党校出版社 **新浪微博**：@党校出版社

前言

PREFACE

这是一部追寻纪实，也是一部采访实录，但是追寻和采访的对象比较特殊。他们横跨旧中国和新中国两个时代，为革命和建设做出过巨大贡献和牺牲，随着时间的流逝，记得他们的人越来越少，但他们的确不应该被遗忘，他们就是——**新中国第一任县委书记！**

本书收录的追寻纪实文章，均刊发于2011年4月至8月的《中国县域经济报》。全书记录了39位新中国第一任县委书记的事迹，通过他们自己、他们的亲人、他们的战友和同事的深情回忆，把我们带进了那段难忘的岁月，熟悉了一个从炮火中走来的特殊群体，也加深了对中共党史、中国革命史和新中国建设史的理解和认识。

历史的书页可以变色，可以泛黄，但是呈现在我们面前的革命者的战斗精神、建设者的奋斗精神却在红色基因的传承中沉淀得更加鲜艳、更加深厚。2019年是中华人民共和国成立70周年，是大庆之年、喜庆之年。当前正值全党深入开展“不忘初心、牢记使命”主题教育之际，在这个特殊节点上，追寻新中国第一任县委书记，回顾他们的艰难岁月和光辉业绩，继承他们的斗争精神和奋斗精神，无疑会进一步激发我们不忘初心、牢记使命，为实现中华民族伟大复兴中国梦而奋斗的豪情和斗志。

目录

CONTENTS

导引

一次不忘初心的追寻之旅

（一）

2019 年是中华人民共和国成立 70 周年，再过两年，我们将迎来中国共产党建党 100 周年。在将近一个世纪的历史中，中国共产党率领中国人民推翻了三座大山，建立了社会主义制度的新中国，掀开了改革开放的历史新篇章，如今在习近平新时代中国特色社会主义思想指引下，正在向现代化强国的目标阔步前进。

无论我们走多远，都不能忘记来时的路。当前，“不忘初心、牢记使命”主题教育正在全党深入开展。习近平总书记指出：“今年是中华人民共和国成立 70 周年，也是我们党在全国执政第 70 个年头，在这个时刻开展这次主题教育，正当其时。”

一个政党，要不断前进，不断保持生机与活力，需要从两个方面汲取动力：一个是现实的人民群众，一个就是它的光辉历史。中国共产党的历史就是共产党带领人民群众争取民族独立、国家富强和人民幸福的历史，就是为人民谋幸福、为民族谋复兴的历史，也是不忘初心、牢记使命的历史。在这个波澜壮阔的历史进程中，涌现出无数优秀共产党人和党的领导干部，新中国第一任县委书记就是这样一个特殊的群体，也是他们中的优秀代表。他们在革命和建设的转折时期，走上了县委书记的岗位，可以说，承担了特殊的历史使命。今天，他们中绝大多数人都已经不在了，有的在位时间很短，留下的资料也很少，但是，他们的革命业绩不应该被遗忘。他们的革命精神，是我们今天继续前进的宝贵精神财富，也是“不忘初心、牢记使命”主题教育的生动教材。

2011 年是建党 90 周年。当时我还在《经济日报》下属的《中国县域经济报》工作。在策划建党 90 周年宣传报道的时候，我们一直在想，作为全国唯一一份直接面向县市的报纸，怎么能使我们的纪念报道既具有重大意义，又具有重要特色呢？经过反复比较、讨论，我们确定了“追寻新中国第一任县委书记”这样一个主题。主题确立后，我们征求了有关部门领导、专家学者的意见，大家都一致赞同。在调研采访的整个过程中，我们都得到了地方宣传、组织、党史部门的大力支持，也得到了第一任县委书记的战友、亲属、子女的大力支持。虽然调研遇到很多困难，但有了他们的支持，给了我们很大信心，所以追踪的过程还是比较顺利的。

这次大型主题采访活动，报社抽调了 20 名政治素质高、业务能力强的编辑记者，组成多个追踪调研小组奔赴大江南北，共写出刊发 39 篇稿件。我们的计划是至少追寻刊发 100 位有代表性的新中国第一任县委书记，但是，由于我的工作变动，没有完成这一使命 ，留下了很大的遗憾。

这次采访，反响很大，收获很大。中央领导同志对追寻活动给予充分肯定，基层干部群众反响就更热烈了。几乎每一个接受采访的人在听了我们的意图之后，都首先对这一活动进行了肯定。

收获大，主要体现在通过追寻新中国第一任县委书记的足迹，对我们的记者是一次革命传统教育，是一次党史和党性的教育。我们收获的，不仅仅是一篇篇稿件、一份份史料，更是宝贵的革命传统和革命精神的精神财富。

为了取得先声夺人的效果，我用一个晚上起草了《中国县域经济报社关于开展“追寻新中国第一任县委书记”大型主题采访活动的决定》，2011 年 4 月 14 日在报纸头版头条刊发出来。

中国县域经济报社
关于开展“追寻新中国第一任县委书记”大型主题采访活动的决定

为庆祝中国共产党建党 90 周年和中华人民共和国成立 62 周年，中国县域经济报社编委会和机关党委，经过充分研究，并征求有关部门意见，现决定开展“追寻新中国第一任县委书记”大型主题采访活动。

一、充分认识开展“追寻新中国第一任县委书记”大型主题采访活动的意义

中国共产党自成立以来，始终以实现中华民族伟大复兴为己任，团结带领全国各族人民进行革命、建设、改革事业，取得了举世瞩目的伟大成就。在这个过程中，一代又一代党的优秀领导干部始终站在历史和时代的前沿，带领广大干部群众艰苦努力，不懈奋斗，为实现民族独立、人民解放和国家富强、人民幸福，贡献了毕生精力甚至生命，谱写了一曲曲为共产主义而奋斗的雄壮凯歌。

县委书记是党的领导干部队伍的重要组成部分，是党领导全国人民进行革命、建设、改革和发展的重要领导力量。他们中涌现出的谷文昌、焦裕禄等杰出代表，成为一代又一代共产党人宝贵的精神财富。

在迎接中国共产党建党 90 周年和中华人民共和国成立 62 周年之

际，我们选取革命和建设转折时期的新中国第一任县委书记为报道主题，目的是追寻和缅怀他们的历史足迹，抢救和挖掘他们的光辉业绩，总结和反映他们的卓越贡献，铭记和宣传他们的丰功伟绩，学习和传承他们的奋斗精神，为建党90周年献上一份厚礼。

新中国第一任县委书记，他们大部分已经离去，有的正在离去。但是，他们不能被遗忘。这使得我们的采访活动显得更加紧迫，意义更加重大。

二、“追寻新中国第一任县委书记”大型主题采访活动的指导思想和基本要求

开展“追寻新中国第一任县委书记”大型主题采访活动，是中国县域经济报社迎接建党90周年的重大举措，是学习党史、开展党性教育的重要内容，必须以邓小平理论和“三个代表”重要思想为指导，深入贯彻落实科学发展观，紧紧围绕党中央关于迎接建党90周年一系列重大部署和重要安排，认真学习“中共中央关于加强和改进新形势下党史工作的意见”和中央党史工作会议精神，坚持以史鉴今，资政育人，教育和激励今天的县委书记和各级地方领导干部，紧密团结在以胡锦涛同志为总书记的党中央周围，学习先辈精神，发扬优良传统，推动科学发展，促进社会和谐。

（一）要以高度的历史使命感和时代责任感，本着对历史负责、对党负责、对新中国第一任县委书记负责的精神，深刻领会开展“追寻新中国第一任县委书记”大型主题采访活动的意义，圆满完成每一次采访活动。

（二）要把学习放在首位，认真学习党的历史和地方党史，学习中央有关精神，把握正确方向和导向。

（三）要紧紧依靠县市党委、政府以及宣传部门、党史部门的力量和支持，多方走访群众，力求史料完整、准确、全面。

（四）要身体力行深入生活、深入实际、深入群众的优良作风，深入采访，精心求证，多方核实，写出经得起检验的高质量的采访报告。

三、采访对象和采访内容

1. 采访对象

①地方党政领导同志；

②县市宣传部门和组织部门；

③县市党史部门和档案部门；

④新中国第一任县委书记的子女、亲属等；

⑤了解相关情况的党员干部和群众。

2. 采访内容

①新中国第一任县委书记的简要经历；

②主要事迹和主要贡献；

③史料（包括地方党史、地方史志、当时报刊等）的评价；

④现在子女亲属、干部群众的评价；

⑤照片、文字资料等收集。

四、宣传报道

此次大型主题采访活动将以本报记者为主，编辑部将抽调政治强、业务精的编辑记者组成数支采访报道小组，深入相关市县，在宣传、党史等部门的大力支持下，完成采访报道工作。

本报将于近期在报纸显著位置，开辟“追寻新中国第一任县委书记”专栏，刊登记者采写的报道。

中国县域经济报社

在报纸头版头条刊发一个采访决定，在我的新闻生涯中还是第一次。时任中共中央政治局委员、中宣部部长刘云山同志当即在报纸上做出批示：中国县域经济报的创意很好，有些稿件可放在“红旗飘飘”栏目中。“红旗飘飘”是中央主要新闻单位为庆祝建党90周年而共同开设的栏目。

一篇篇追寻稿件传回来了。经过精心编辑，报社决定抓紧刊发。刊发前，我起草了“开栏的话”，这也是我从事新闻工作写的最长的一篇“开栏的话”或“编者按”，我给这篇“开栏的话”起了一个标题《补上这一课》。

补上这一课

“追寻新中国第一任县委书记”的想法始于去年下半年，也就是说，从动议到推出专栏，历经大半年时间。动议的初衷很简单，今年是中国共产党成立90周年，作为全国唯一一份直接面向市县的报纸，如何使庆祝活动的宣传报道既具有重大意义，又具有重要特色。经过思考、讨论和比较，我们确定了“追寻新中国第一任县委书记”的大型主题采访活动。

主题确定后，我们征求和请教了有关部门负责同志、专家学者、地方党史和宣传部门领导的意见，得到了一致肯定，并提出了很多很好的建议，也提供了一些有益的线索。这给了我们很大鼓励，更增强了我们做好这次主题采访活动的信心。

在具体的采访过程中，我们得到了地方宣传、组织、党史部门的大力支持。他们不厌其烦地为记者查阅资料、提供线索、帮助联络、核实细节，其对当事人负责、对党史负责的精神让我们感动，在此让我们对他们表达真诚的谢意和敬意！

更让我们感动和充满敬意的，是我们笔下的新中国第一任县委书记们。虽然他们绝大部分人都不在这个世界了，但是在“追寻”的过程中，我们仿佛感觉到他们正从历史向我们走来，他们高大的形象、丰富的阅历、革命的精神、顽强的斗志和坚定的信念，让我们的心情久久不能平静。我们从“追寻”中，收获的绝不仅仅是一份份史料、一篇篇稿件，更是一笔笔宝贵的催人奋进的精神财富。

对我们记者来讲，这不是一次简单的采访活动，而是一次党史和革命斗争史的教育活动，是一次难得的革命传统和革命精神的洗礼。正是受到这种崇高精神的激励，正是带着这种崇敬的心情，我们才不惧怕任何困难，沿着他们奋斗的足迹，一路追寻，力求最真实、最完整地表现新中国第一任县委书记们的生动形象和光辉历程，让今天更多的人受到教育和启示。

曾经，一位县委书记在接受我们采访的时候，不无骄傲地说，在全县范围内，你们随便问，我什么都知道。但当记者问到“本县新中国第一任县委书记是谁”时，这位现任县委书记顿时愣住了，随后严肃地说：我要补上这一课。

是的，我们要补上这一课！

（二）

随着一篇篇稿件的刊发，中国共产党一个特殊时期的干部群体陆续走进读者的视野。

在追寻过程中，最受触动的首先是参与追寻的记者。江苏记者站站长张道平已年过五旬，为了一条线索，他带领年轻记者一追就是上千公里，甚至几千公里，常常是跨省追寻，反复追寻。那段时间，他们一直沉浸在追寻的希望、感动和崇高中，也不停地经历失望、遗憾和疲惫。他们感到，虽然时光过去了 60 多年，但新中国第一任县委书记就在眼前，且形象越来越清晰。他们反映，通过追寻新中国第一任县委书记的足迹，对自己是一次难得的革命传统和党史党性教育，对共产党人的初心和使命也有了更深刻的认识和理解。

追寻活动得到了地方组织、宣传、党史部门的大力支持。他们为追寻活动查阅资料、提供线索、核实细节，有的地方部门还指定专人负责协助，使追寻活动少走了许多弯路。

河北省委党史研究室副主任赵胜军（时任，下同）高度重视，抽调专人，利用3天时间查阅相关资料，将全省170个新中国第一任县委书记的情况进行了一次全面的汇总。

河南省信阳县新中国第一任县委书记、仍健在的马任军，已94岁高龄。听完“追寻”记者的来意，老人很激动，连连说：谢谢你们还没有忘记我！中国共产党成立90周年了，过去的奋斗历史永远值得我们铭记啊！

读着这些新中国第一任县委书记的事迹，读者们纷纷用“敬仰”和“敬畏”来表达自己的心情。

福建省华安县新中国第一任县委书记平浪一生坎坷，却始终坚定如一。1918年平浪出生于四川省，1938年初背着沉重的行囊，跋山涉水，历时近百天，行程三千里，投奔圣地延安参加革命，并加入了中国共产党。解放战争时期，他随大军一路南下，于1949年6月进入福建，成为华安县新中国第一任县委书记，经历了“剿匪”和保卫新生政权的不平凡的斗争。老人1989年离休后，到各地做了100多场革命传统教育报告，直到身体撑不住而住院。1991年10月26日，在生命的最后一刻，他拼尽力气发出的声音是：中国共产党万岁！在场的人员无不动容。此前，他还留下遗嘱，遗体捐献给医学研究，成为福建省漳州市第一个自愿捐献遗体的干部。

绝大多数新中国第一任县委书记都经历过革命战火的洗礼，不少在解放前就已经担任了中国共产党地方组织的领导人。让我们看一下江苏省句容县新中国第一任县委书记洪天诚的事迹。

洪天诚是句容本地人，很早便加入了中国共产党，从1945年6月开始，在镇句县工作，曾任镇句县委书记。镇句县是现在镇句公路（镇江—句容）以北、宁句公路（南京—句容）以东的地区，如今已经不存在“镇句”这个行政区域。

1945 年 8 月，国共和谈，签订“双十协定”。为了争取和平建国，避免内战，中央决定撤出苏南解放区。当时，洪天诚任镇句县委书记，镇句县委亦在北撤范围之列。但是，为保障南北交通安全畅通，掩护江南部队和党政机关，管辖镇句的苏中五地委布置镇句县北撤晚于茅山地区各县，因此直到 10 月下旬，苏南撤退结束，洪天诚才收到北撤的通知，时间极其紧迫。

洪天诚立即召集县、区领导干部开会，布置北撤。然而，布置工作尚未完毕，国民党五十七师一七〇团便已经占领镇句县中心区和交通要道，开始搜捕中共军政工作人员，形势十分险峻。更为严重的是，宝华、句容 7 区有一些应北撤人员还没有得到北撤的通知。洪天诚立即派人与他们联系，让他们分散经上海北撤至兴化。洪天诚则迅速带领干部和武装部队先撤往丹北，然后再北撤。

1946 年 10 月，华中分局成立华中地委，下属镇江、句容等 4 个工委，洪天诚任镇句工委副书记。时值全面内战开始，国民党反动派大举进攻解放区，地委决定渡江南下坚持斗争。

1947 年 1 月，洪天诚率领一行 80 多人（内有 30 多名武装人员）到达镇江地区的句容境内开展活动。当时，国民党反动派气焰嚣张，洪天诚才到四五天，南京、镇江、句容的敌人就开始搜索南下人员，内警总队、保安队和特务武装配合行动，洪天诚和南下人员活动非常困难。

一次，在华家边，洪天诚一行被敌军发现，双方发生激烈交火，打死 7 个敌人，新四军也牺牲 1 人。南下人员且战且退，最后撤至空青山里隐蔽。还有一次在白兔张果老庙里，洪天诚等遭到了内警总队追赶，他们见机行事，冒充敌便衣队，混在敌人之间，才得以脱离险境。

洪天诚一行南下人员每次住过的地方，走后都会有敌人派部队去搜查，住过的人家，还遭到了敲诈勒索甚至家人长期遭监禁。

1947 年 5 月是句容一带时局最紧张的时候，除了敌内警总队和特务武装外，还有叛徒凌康的“侦抚队”。

叛徒熟悉新四军活动规律，他们的反革命活动给洪天诚一行人的工作增添了新的困难和危险。考虑到不连累群众，洪天诚一行分成了三个小组。洪天诚带一个组在句容的 2 区、句 7 区、宝华山一带活动。他们转到高丽山、仑山、石山头、空青山等山里头，白天隐蔽在山上，夜里下山活动，用洪天诚的话来说，“昼夜一餐无保证，日晒夜露石为伴，衣服破了补再穿，疮虱趁机也捣乱。”

1949 年 4 月 20 日，人民解放军发起了渡江战役。当时，南京、镇江一片混乱，国民党政府机关、军队、警察纷纷争相逃命。4 月 23 日下午 3 点多，人民解放军第三十四军先锋营就顺利进城了，几乎没有任何阻碍，句容解放。24 日，为控制解放后句容城的局势，洪天诚便服简从先行入城。第二天，新组建的句容县委、人民政府也进驻到了句容城内，洪天诚担任县委书记兼县长。

河南省信阳县新中国第一任县委书记马任平记者追寻时依然健在，他的亲述把我们带到了战火纷飞的年代。

1947 年 10 月，马任平跟随第二批刘邓大军挺进大别山，任刘邓大军第十纵队三十旅八十八团政治处主任。

“那时候，我所在的部队正在攻打安阳，由于敌我力量悬殊，安阳一直攻打不下，我军便决定沿黄河南下，支援第一批刘邓大军。记得我们刚开始出发的时候是 10 月中旬。”说起当年在挺进大别山的场景，马老至记忆犹新，激动不已……

由于国民党的严密封锁，经过一个多月的跋涉，部队到了桐柏。12 月 13 日，桐柏区党、政、军领导机构在浆溪店成立后，桐柏第一地委随即在浆溪店杨家湾召开了地委第一次会议，组建了信（河南信阳县）应（湖北应山县）县，马任平任县委书记。16 日，县委书记马任平和桐柏一军分区八十八团团长李文忠率一个营的兵力，在信阳仙石畈，成立了第一区。当他们继续向前推进时，遭到国民党军的围攻。马任平等率部向大庙畈转移，在仙石畈又遭到国民党军一个旅的部队的袭击。经过激战，部队突出包围，但却付出了很大的牺牲。

12 月下旬，在信阳境内的大山中，刘伯承、邓小平亲切接见了部队团以上干部，做了革命形势分析动员报告。马任平有幸参加了那次会议，他至今都能清晰地回忆起接见时的每一个细节。敌人的飞机在头顶盘旋，四周炮声轰鸣，刘伯承和邓小平就在一个瓜庵里做了一次临时报告。报告时间不长，刘、邓用精辟而富有感召力的报告分析了国际、国内形势，对当前战争工作进行了总体部署，极大地鼓舞了每一位与会者的信心。

1949 年 4 月 1 日，信阳全境获得最后解放。而此时的马任平仍在大别山内与敌人打着游击战。随后马任平接到组织命令，留守信阳县任县委书记，建立革命根据地。“当时，我接到的命令是组织将九十团的一个营留给我了，新任的县委副书记、县长在贺家大店等我。”就这样，马任平带着一个警卫员、一个马夫，找了一个向导便去贺家大店赴任了。在贺家大店，马任平见到了信阳县委副书记阎庆身，县长孙敬之（音），一番彼此介绍之后，就算是成立了信阳县人民政权。

安徽省怀远县新中国第一任县委书记崔晓剑也依然健在。但由于在住院，记者的追寻采访首先在外围展开，最后，崔老在病床上接受了记者的采访。

94 岁高龄的崔老，精气神十足，思维也比较清晰。见到我们后，崔老非常高兴，连连说：“感谢你们还记着我们这些老同志。”

当崔老看到“追寻新中国第一任县委书记”栏目对江苏省泗洪县新中国第一任县委书记朱光的报道时，老人说：“朱光我认识，我们叫他‘朱大个子’，也有人叫他‘伟大的朱光’，因为他长得高高的，胖胖的。在淮海战役中我们曾经是战友，建国后，我们都在安徽省委工作过。不过前几年，老朱过世了。”

对朱光老人的追寻，曾由于线索中断未能完美结局。意外得到这一线索，曾承担对朱光老人追寻的本报江苏记者站站长张道平表示，要继续跟进。

崔老的回忆将我们带回了那段峥嵘岁月。

“我1948年参加淮海战役，战役结束后，1949年3月上级派我到怀远任县委书记。我是怀远解放后的第一任县委书记，可以说组织重用我，当然我对自己的工作也很慎重。到怀远后，我没有马上开展工作，而是花了大约半个月的时间搞调查研究，详细了解怀远情况。当时怀远的斗争很复杂，可以说有两种情况：一种是县城被国外教会，也就是美国的基督教和英国的天主教所控制；另外一种就是农村被地主恶霸土匪所控制，农村情况比城市更严重。怀远县城内大部分人都是教徒，这些教徒由于在思想上长期受到国外教会思想的宣传，当时对党的新政权还不是很信任，不少人甚至有反党的念头。在农村，老百姓非常困苦，受压迫严重，不仅要饿肚子，连生命都没有保证，残余的那些土匪恶霸说杀人就杀人。”

在这种情况下，崔老表示当时的县委班子采取了许多措施来扭转不利局面，以维护党的新生政权的稳固。“当时我们所做的一些具体工作包括反匪反霸、恢复文教、防汛筑堤等等。”巩固政权方面，当时以崔老为首的县委组织了400多人的怀远县大队，进行“反匪反霸”运动。据说当时怀远有三四个恶霸头子，崔老带领县大队对他们采取武装镇压，不仅打击了这些反动势力，还收缴了他们的武器。

“那时候淮河水泛滥，我们防汛筑堤，在大坝上有时候一住就是一个月。”崔老回忆。当问到崔老为何能在新中国成立初期，人民生命、生活都不能保障安全的情况下，怀远却能大力兴办教育时，崔老说：“因为那时怀远的学校都是外国教会办的，而我们自己的学校很少，所以我一上任就跟文教部长说教育要抓住，要发展我们自己的学校，这样做一是普及教育，让老百姓学文化，而更重要的是让老百姓摆脱国外反动势力的思想上的控制，真正从思想上接受党，加深对党的认识……”

访谈结束时，崔老欣喜地为本报题词：“追寻新中国第一任县委书记活动很有意义”。

新疆维吾尔自治区阜康县新中国第一任县委书记王邦玉和老伴儿向文秀一起在家中接受了记者采访，他讲了一个如何通过一次婚礼让人们认识共产党的故事。

王老说：“我和文秀结婚那可是阜康县人民政府成立后的第一位县委书记的婚礼。当时，人民政府成立不久，老百姓对共产党并不十分了解，他们见惯了国民党的县太爷平日里的威风气势，都想见识一下我这个共产党的‘县太爷’在结婚这一人生重大事情上的宏大排场。但是等啊，盼啊！既不见我们发请帖，也不见张罗置办，都十分纳闷，这更增加了人们的好奇心理。其实，那时的我工作非常忙，人民政权刚刚建立，有大量的工作要做，根本没时间顾及自己的婚事。”

王老说：“为了不耽误工作，我们抽了个休息日把婚事办了。我记得当时我穿着洗得有点发白的旧军装，带着几个机关干部去娶亲了，当天文秀穿的也很普通，我和文秀并肩走在街上，机关的干部阿雄挎着个旧式手风琴，欢天喜地地奏着欢快的曲子。人们望着这从未见过的迎亲方式，猛然醒悟过来，不一样，真的不一样了，共产党的县委书记再也不是当官做老爷的‘县太爷’了。我们的新房就设在我办公室的套间里，除了几张办公室的桌凳和一张旧木板床外，没有添置任何新家具。对前来祝贺的人们，我们用茶水、喜糖相待。这欢乐、简朴的婚礼使人们对共产党和共产党的干部有了新的认识。”

新中国第一任县委书记不仅在革命和建设时期做出了重要贡献，退休之后，他们依然时刻关注着改革发展的新形势，以一名老共产党员的初心尽其所能。山东省禹城县新中国第一任县委书记向旭就是代表。

2011年6月27日上午，我们的记者接到山东省禹城市委（原禹城县）宣传部副部长孙清阳电话："贵报寻访第一任县委书记的稿子，我已经连续认真阅读了11期，非常好！我看到新华社、《人民日报》、中央电视台等众多中央媒体都对此项活动进行了追踪报道。我们禹城市新中国第一任县委书记向旭，现在上海居住，91岁高龄身体仍然康健，希望你能去采访……"

向老回忆说，解放战争期间，他先后任山东省利津县委书记兼县大队政治委员和山东省禹城县委副书记、县委书记兼县大队政治委员等。新中国成立后，又历任山东省德州地委党校校长、区委宣传委员；山东工学院党委副书记；济南市高等学校工作委员会专职副书记、市委教育部长、农委书记；泰安地委书记处书记等职。1963年4月，调上海中共中央华东局宣传部，任教育处副处长，部办公室主任、部委委员；1970年后调至上海电机厂任厂党委书记兼厂革委会主任；1973年10月，任上海市文化局党委副书记；1980年2月，任上海市高等教育局副局长、党组成员，1984年5月离休。

"向书记，您从25岁开始任县委书记，中间有好几次职务变动都是从正县级到副县级的'上下'变动，您会为这种职务变动感到不舒服吗？"记者禁不住问向老。

"那时的干部，一切都是根据工作需要，听从组织安排，其他的都无所谓。上午接到通知，下午就到任。当干部，就是为人民服务，为党工作，都是人民的公仆。不像现在有的干部，当官是为了升官发财……当时我们县委、县政府领导，一年至少有一半时间是在基层，发现问题，分析问题，然后到县里开会、碰头，研究解决问题的办法，或者是组织干部进行短暂的学习。那时，群众也不喊干部职务，而是叫老张、老李，或者是小王、小赵，干部与群众打成一片……"向老对记者说，那时的干部群众真是鱼水之情，无论多么艰巨的工作，都能得到群众的支持，圆满完成任务。

向老特别谈到 2009 年他重走山东省渤海区域时，曾提出三点建议：

第一，发展经济、发展生产，这是建设社会主义的物质基础。但是发展生产我们有个目的，跟资本主义发展生产不一样，资本主义经济是少数人占有大量的生产资料，他们经营的目的就是为了牟取最大高额利润，什么赚钱干什么，是少数人占有，贫富差距太大，造成社会的不公平。我们社会主义国家发展经济，是为了人民的物质和文化生活的需要。

第二，要保持渤海区域的一片净土。工业化带来了污染，资本主义国家都有过，我们也没有避免。大家知道我们的染污太厉害了，山清水秀的地方，现在被污染得一塌糊涂，靠着大湖、河流竟没净水吃。怎么样保持黄河不加重污染，保持一片净土这很重要。防止污染、消除污染的责任重大。

第三，就是把干部队伍管好、带好，少出丑事，最好不出。现在各地的丑事太多，全国公布的落马干部的贪污受贿金额，动不动就是几十万元、几百万元甚至是上亿元，真是可怕，可恨！这在新中国成立后的前 30 年历史上哪有这种状况？这个问题不解决，让老百姓信任、拥护共产党的政府是很难的。

（三）

新中国第一任县委书记的这些故事和事迹陆续刊出后，全国各地干部群众反响强烈。不少县（市）领导干部打来电话在肯定报道的同时，还像禹城市委宣传部一样，“自我推荐”，主动邀请记者前往该县（市）进行追踪采访。

江苏省灌南县委常委、宣传部长邓玫玫说：“新中国第一任县委书记们为党和人民的事业竭尽心智，做出了极大贡献，不仅是我们的骄傲，更是我们怀念的前辈和学习的榜样！对于这样的追踪采访活动，我们地方宣传部门一定倾尽全力配合。”

江苏省句容市史志办原主任朱延生表示，作为新中国成立后的第一批县级领导，他们多数都参加过革命战争，对党有着坚定的信念，对社会进步有着突出的贡献。然而，随着时间的流逝，听说过他们的人越来越少，认识他们的人少之又少，了解他们的人更是寥寥无几。贵报这一策划最大的意义就在于，重拾人们即将忘却的记忆。

“这个系列报道，不仅帮助读者认识了许多为新中国成立初期作出重大贡献的县委书记，更了解了他们身处的那段历史。尤其是像我们这样的年轻干部，更加感受到革命的胜利来之不易。在全国共庆建党 90 周年之际，这样的纪念方式可谓别出心裁，一举多得。”江苏省通州市委宣传部副部长丁燕如是说。

四川省委组织部干部二处处长岳勇认为：这个选题很好，很有新意，也契合了建党 90 周年的宣传气氛，是一次干部群众学习党史，加强党性教育的好机会。

安徽省宣城市副秘书长盛浩指出，《中国县域经济报》推出这个栏目，很有现实意义。现在很多第一任县委书记已经不在世了，把他们的事迹再现于世，主要的意义在现在。希望你们能把这件事做好，让我们从中感受到更多的东西。

四川省岳池县委宣传部长曾帮才认为，追寻走访新中国第一任县委书记的革命足迹，能够挖掘这些老革命家身上的闪光点，这不仅是对他们的一种缅怀，更将激励当今的党员同志学习老同志身上的优点，继续发扬艰苦奋斗的精神，对当地的县域经济发展有极大的推动作用。

河南省光山县新中国第一任县委书记魏钦公的女婿，现任清华大学博士生导师的吴潜涛通过电话向记者表示：“追寻新中国第一任县委书记的重大意义，不仅在于记录和宣扬老一辈革命家的革命精神和卓越贡献，更重要的是，这样的报道能让如今浮躁的年青一代增加对党史和党性的认识，有教育和引导作用。”

在河南省信阳市平桥区（原信阳县）党史研究室，徐其良主任对记者说：“如今能记起他们的人真是不多了，你们通过报道来挖掘他们的光辉业绩，可以让我们真切地感受革命先烈用鲜血和生命换来的新中国，需要我们后人去加倍珍惜。”

安徽省宣城市经济开发区管委会主任张黎勇对记者说，我当过区（县）委书记，可我并不知道宣州区（曾叫宣城县）第一任县委书记是谁。贵报在建党90周年开设此栏目，等于给我们补了一次党课，很有必要，也很有意义。

安徽省郎溪县委宣传部长吕旻说，为搞好建党90周年的宣传，我认为报道第一任县委书记很有教育意义，可以让人们不忘前人，继往开来。现在很多人都不知道第一任县委书记是谁，没有他们当初的努力，就没有我们的今天——我们党史工作者对第一任县委书记感受颇深，所以贵报推出此栏目，很有教育意义。

福建省漳州市委党史研究室副主任曾一石认为，追寻新中国第一任县委书记大型主题采访活动，能辟出专栏，而且是头版头条的重要版面来宣传历史，这是少见的，但你们做到了，这实在令我们这些党史工作者十分感动。你们带着对党的诚挚感情，对共和国开创者的无比深情，对历史的高度责任感和当前工作的事业心，真实、客观而又全面地表现新中国第一任县委书记们的生动形象和光辉历程，写出了他们为建设新中国所体现的革命精神、顽强斗志和坚定信念，定能使广大干部群众特别是青少年受到很好的教育和启迪。

河南省委办公厅老干部处处长齐建华说：“看看这些老一辈，在那样艰苦的条件下，却有那么坚定的信念和顽强的斗志，如今，生活条件提高了，他们一些人依然保持着朴素的生活，我们也深受教育。”

一些读者看了报道表示，这是宝贵的资料也是更宝贵的精神。

江苏省扬中市史志办公室主任赵纪福说，“我已经从事地方史志工作几十年了，一直有一个遗憾：包括新中国第一任县委书记在内的许多为党和国家做出极大贡献的人，没能对他们留下完整的记录。史料中倒也有对这些人的记载，但都非常少，也非常零碎。虽然几次都想着手做这件事，可是囿于人力、物力等各方面原因，只得作罢。作为一份经济类报纸，能积极策划并付诸行动，非常不容易。希望你们认真、严谨地把这件事做好，方便的话，将资料及成文寄给我们。这些信息，不仅能丰富我们的史料，也可以为我们今后类似的工作提供一个思路。”

江苏省吴江市委宣传部副部长王庆说：“今年是中国共产党建党90周年，我们宣传部也在做一些优秀党员宣传，但没有想到新中国第一任县委书记。说实话，这个选题很新鲜，也很有意义。追寻的结果也必将是非常珍贵的史料。”

“我去年退休，很想为我父亲写点什么，为后人留下点国家由贫穷、柔弱、差点亡国，到这代人奋起抗争、转变国运的故事，以此歌颂共产党，歌颂毛主席，歌颂这一代人在历史上的功绩，以激励儿孙辈，为国家的强盛、民族的兴旺而努力奋斗！但一直苦恼于自己没有写作水平。没想到贵报与我联系，追寻我的父亲，非常感激！”江苏省沭阳县新中国第一任县委书记于康之子于沭明激动地对前去追踪采访的记者说。

“此次活动十分有意义，不仅为党的历史收集资料，同时也为当地收集历史资料作出了贡献，我们这里的党史部门由于成立较晚，再加上人员等方面的不足，使得在建国初期的一些历史资料十分稀少，而针对县委书记的资料更是稀缺，我们早就想搞类似的活动来收集这些资料，这次你们的到来无疑让我们的工作做得更加踏实、细致，我们一定大力配合。”河南省济源市档案局局长王爱竹一再告诉我们：“等你们这些资料收集整理出来了以后，一定一定给我们也寄来一份，这些可是珍贵的历史资料，对党对我们当地来说都是宝贵的财富啊。”

福建省漳州市委党史研究室原主任陈方说："我是一名老党史工作者了，整天跟报纸书籍打交道。这次看到你们开辟了'追寻新中国第一任县委书记'，详细看了几期，感觉这个栏目开得好、开得及时，这是其他报纸没有做到的。今年是中国共产党成立90周年，在头版连续刊发各地新中国第一任县委书记的光辉事迹，这是给历史一个交代，给家属一个交代，给社会一个交代，确实不容易。"

河南省开封县档案局局长王春燕说："在迎接中国共产党建党90周年之际，你们选取新中国第一任县委书记作为报道主题，追寻他们的历史足迹和光辉业绩，是为我们做了一件大好事。如果你们不来，我们还真没有想到去收集整理这些资料。听你们一介绍我才猛然觉得收集的这些东西是多么珍贵的资料。他们所付出的努力，丰功伟绩是值得我们铭记、学习和传承的，他们的奋斗精神是值得我们宣传的。我们这次一定全力协助你们，这也算是我们为建党90周年作的一点小小的贡献。"

山东省邹平县王传民书记对这一活动非常赞同，他说："此项活动很有意义，现在我们还能够抢救和搜集一些资料，这是在为这段历史留下宝贵的资料和宝贵的财富，也是我们现在工作和前进的动力。这项工作应该有紧迫感。"

河北省迁安市党史研究室主任王翠玲得知追踪的来意后说："你们这个活动有意义，好多材料连我们党史办也没有，这么多年是个空白，如果有机会，把这些材料送我们一份，我们也可以存档整理。"

"我是1921年出生的，与党同龄，今年90岁了！真的特别感谢你们还记得我们这些老同志！"现年90岁高龄、曾担任无锡县（现无锡惠山区、锡山区）新中国第一任县委书记莫珊部下的离休干部马慎之动情地说。马老曾参与无锡解放、接管财税、土改等工作，后在财政局、粮食局、商业局、总工会等部门担任领导职务。

河南省委党史研究室副主任王俊表示："作为新中国第一任县委

书记，他们大多数已不在世，但他们的精神，却对我们有永恒的启迪，你们开辟此栏目，献礼建党90周年，很有创意。”

光山县新中国第一任县委书记魏钦公的爱人刘平老人，用浓浓的南方口音说，“他们这些新中国第一任县委书记至今在世的没有几个了，你们用这样的方式去纪念他们，我真的很感动。”

江苏省扬中市委宣传部副部长严峰说：“‘追寻新中国第一任县委书记’这个选题非常好，在以前从来没有过。新中国第一任县委书记是一个比较特殊的群体，他们在新旧社会的交替中上任，不仅承担了收拾战争残局的重任，更重要的是在他们的带领下，老百姓过上了期盼已久的新生活。他们在新中国建设中的地位举足轻重，对他们的关注，确实很必要。”

88岁的朱鹏飞是江苏扬中市离休干部，扬中解放后任粮食局局长。面对记者，他动情地说：“没有想到你们会为新中国第一任县委书记而来，很高兴。报道出来以后，一定要寄一份给我看看！”

湖北省政协原副主席、现年86岁高龄的董玉森说：“过去也曾有许多媒体找我，要我讲讲在建国初期，和红安县新中国第一任县委书记黄宏儒一起共事的经历，但是我都婉言谢绝了。这次我看了你们给我送来的《中国县域经济报社关于开展‘追寻新中国第一任县委书记’大型主题采访活动的决定》和近期的《中国县域经济报》后，准备了一个星期，我决定接受采访。我感到你们并没有忘记我们这些在建国初期战斗在基层县委、县政府的大多数已经去世的以及还有少数健在的老同志。”

河南省济源市委宣传部部长李军星说：“现如今，这些县委书记大部分已去世，但他们不能被遗忘，他们的功绩应该被后人铭记。”

在辽宁省金秋医院，记者见到了河北省滦县王子文老书记的遗孀黄克老人。黄老也是一位老革命。老人今年90周岁。对于“追寻新中国第一任县委书记”这个采访活动，老人非常赞同，她说，不光是王子文，还有成百上千的老同志，他们当年都是流过血、打过仗的。这些人应该被后人铭记。采访结束之际，老人为此次采访活动题词："追寻共和国第一任县委书记活动非常有意义！"

河北省赵县72岁的老党员张锁贵说，我14岁在当时的县委参加工作，那时县委书记的事，现在想起来清晰可见。想想过去，看看现在，更感党的伟大。

河北省委组织部干部考核处张志敏、中共河北省委党校信息处主任张贵森，对这次采访活动也深有感触：从新中国第一任县委书记的身上，体会到了我党带领人民翻身得解放、带领群众艰苦奋斗、逐步过上好日子的艰辛以及他们对党和人民群众的赤胆忠心。中国县域经济报组织的这次大型主题采访，是对我们的一次革命传统教育，是当前开展的"创先争优"活动的鲜活教材，是建党90周年活动中光彩夺目的奇葩。

对所有参与追寻的记者来讲，都是新闻生涯中难忘的经历。记者王长兴、郑斌专门撰文谈经历和感受：

4月中旬，我们按照报社编委会的要求，在河北开展了"追寻新中国第一任县委书记"大型主题采访活动。

这一大型主题采访内容，事件复杂，时间跨度大，工作难度大，因此我们把这次采访活动的意义，及时传递给了河北党史、宣传、档案、组织等相关部门，并得到他们的支持。

4月11日上午，中共河北省委党史研究室副主任赵胜军对这次活动非常重视，他对报社记者说：这是一项非常有创意的工作，你们报社领导站得高，看得远，既懂政治又懂经济，应该说是研究党史，你们报社走在了我们前面。我们在党史研究工作中，搜集过县所在地第一个共产党员，第一个党支部，第一个县委书记的资料，新中国第一位县委书记没搞过，把新中国第一任县委书记的资料整理好，应该是党史研究工作中的一项重要内容。

为了配合记者站把这项工作搞好，党史研究室宣传资料处处长陈永萍抽调了编研一处和编研二处的同志，利用三天的时间到省档案馆查找资料，将河北170个县新中国第一任县委书记的情况汇总。赵胜军副主任凭着多年的工作经验，选定了可以采访到相关内容的县、市情况供记者参考。

省党史研究室给11个市委党史研究室主任打了电话布置任务，要求全力配合报社的这次主题采访活动。中共石家庄市委研究室主任张建国专门从外地打来电话，要求党史办一处处长马艳丽，要各县打电话布置任务，千方百计搜集资料。

马艳丽处长是研究党史的专家，她对这次报社组织的采访活动感到很惊讶：作为一张专门研究县域经济的报纸，在建党90周年之际，追寻新中国第一任县委书记报道，是我们党史工作者应该学习和思考的问题。

在寻访活动中，一些老同志觉得追寻第一任县委书记，不仅是对他们的怀念，也是对自己历史荣誉的追寻和回忆。

中央宣传主管部门一直在关注着追寻活动和宣传报道。根据中央领导同志指示精神和部领导意见，2011年6月7日，中宣部向中央主要新闻单位和北京市委宣传部发出〔2011〕283号通知。通知说：经济日报社所属中国县域经济报从4月起，组织开展“追寻新中国第一任县委书记”大型主题采访活动，追忆和挖掘新中国第一任县委书记群体的光辉业绩，学习和传承他们的奋斗精神，激励新时期基层领导干部继承和发扬光荣传统，为社会发展作出新的贡献。

通知要求，6月16日，请新华社播发一篇介绍采访活动进展情况和干部群众反响的报道，中央人民广播电台、中央电视台当晚“新闻联播”节目播出报道，中央各报及《京华时报》《新京报》《北京青年报》次日刊发新华社稿或本报稿。

通知还要求，请各媒体在刊播上述报道的基础上，注意跟进做好后续报道，各新闻网站及时转载相关报道。

随后，中央新闻单位和各大网站掀起了一波“追寻”活动的报道。

［本文作者许宝健系中共中央党校（国家行政学院）报刊社社长，曾任中国县域经济报社社长］

永远不变是对党的信念

江苏省无锡县（现惠山区、锡山区）第一任县委书记——莫珊

莫珊

1921年出生于南京，1925年全家迁居泰兴。1939年4月22日，在泰兴丁家桥加入中国共产党，先后任泰兴县委组织部长、泰州县委书记、泰兴县委书记、紫石县委书记、东台县委书记、泰州市委书记和无锡市委常委、组织部长。1949年7月，莫珊以无锡市委常委的身份，兼任无锡县委书记。1954年任无锡市委书记处书记。1983年回到江苏省国防工办任顾问，同时担任江苏省政协常务委员。1988年担任江苏省政府经济研究中心特约研究员、江苏省政协经济科技委员会顾问，2010年逝世。

江苏省党史档案室的资料显示，中共无锡县委成立于1949年4月24日，县委书记为孙章录。同年7月，无锡市委常委莫珊兼任无锡县委书记。当时的无锡县是苏南行政区土地改革实验县，因此，同年8月，苏南区党委农村工作团便来到无锡县进行调查研究，组织发动群众，为土地改革做准备。也正是从8月开始，无锡县委书记由农村工作团团长欧阳惠林兼任，莫珊则为第一副书记，实际主持工作。待农村工作团土改工作结束后，莫珊于1950年2月接任无锡县委书记，直

到 1952 年 4 月。

严格来说，欧阳惠林应该是无锡县新中国成立后第一任县委书记，但考虑到当时的特殊情况，我们将追寻的目标锁定为莫珊。

紧接着，另一个问题又出现了，无锡县在哪儿？对于无锡市，我们并不陌生。因风景秀丽而有“太湖明珠”之称，又因经济繁荣而有“小上海”之誉。然而，无锡县就是现在的无锡市吗？

1949 年 4 月 23 日无锡解放后，分无锡城区为无锡市，乡区为无锡县。照此说来，无锡县应是无锡乡区。只是，这一区域在此后还经历了两次变迁。1995 年 6 月 8 日，无锡县撤销，并于同年 8 月 18 日设立锡山市。2000 年 12 月 21 日，锡山市撤销，设立锡山区、惠山区，分别辖原锡山市的 14 个和 12 个镇，另 7 个镇划归无锡市滨湖区管辖。由此可见，无锡县主要指现在无锡市的惠山区与锡山区。

弄清了这两个问题，我们从南京驱车前往无锡惠山区。

马慎之追忆莫珊：工作认真，不忘反思

惠山区宣传部副部长马千斤了解到我们的采访意图后很兴奋：“我带你们见一个人，莫珊的情况，他了解很多。”这人不是别人，正是马部长的父亲马慎之。来到马部长家中，为我们开门的正是马慎之老人。尽管年事已高，但他高大硬朗的身材，仍然散发着一种军人的威武气息。

马老很健谈：“我是 1921 年出生的，与党同龄，今年 90 岁了！”他告诉我们，他是江苏东海县人，读过两年私塾，13 岁便外出做学徒。马老也确实应该算是老革命了，20 岁的时候接触中共地下党，而后北上抗日，南下横渡长江，解放无锡。

“泰州解放得早，莫珊原先在那儿担任市委书记，4 月份无锡解放后，他被抽调来无锡接管新的解放区，担任无锡市委组织部长，到无

锡县做县委书记应该是在1949年7月。”马老为我们介绍道。

解放后，马慎之为无锡市军事管制委员会成员，曾参与接管财税、土改等工作，后任无锡县第一个国营米厂的第一任厂长，并先后在财政局、粮食局、商业局、总工会等部门担任领导职务。

工作认真、卖力，是马老对莫珊的第一个评价。“当时无锡县机关主要由两部分人员组成，一是苏北淮海区南下干部，另一是当地坚持地下工作的干部。南下会师以后，他们之间因为生活习惯不同，工作作风不一，日常相处中时有矛盾发生，在处理工作上的问题时，也是各持一面，不易一致。莫珊到无锡县可以算是‘光杆’一人，与这两拨人都没什么瓜葛。因此，大家都对他寄予厚望，希望能解决好外来干部与本地干部的团结问题。这样一来，莫珊需要经常从中说服，扮演‘和事佬’角色，再加上新中国成立初土地改革、镇压反革命和日常繁杂工作，过度地消耗了他的精力，后来患上了神经衰弱症，休息了半年。”马老说。

马老还告诉我们，晚年的时候，莫珊曾到过无锡，马老也与之见过几次。谈起在无锡县的工作，莫珊不忘反思。他表示，当时在“三反”“五反”运动中，受大气候的影响，伤害了一些工商界人士。“三反”“五反”目的在于打击某些不法资本家和党内少数进城后蜕化变质分子，意图是对的，但在方法上，有些需要反思的地方。

告别时，马慎之老人一直将我们送到了小区门口。看得出来，他非常高兴。“真的特别感谢你们还记得我们这些老同志！”马老紧紧攥着我们的手说。

回到惠山区宣传部，办公室里已经坐着两位“客人”。原来就在我们去马部长家的期间，惠山区宣传部部委肖志岐已经为我们请来了原锡山市党史办主任顾伟伦和汤煜琴。两位主任表示，关于莫珊的情况，史料里没有太多记录，不过顾伟伦几经打听后得知一个消息，莫珊晚年居住在南京，并找到了莫珊家中的电话。这让我们喜出望外。

然而当我们兴冲冲地拨打了这个号码后，电话那头传来的却是“此号码已停用”。不过，沮丧之余，顾伟伦又猛地回忆起一件事，正是这个线索，让我们的追寻变得“柳暗花明”。

徐文光评价莫珊：出色的组织能力

原来，顾伟伦曾见到过一本书，叫《往事感》，是莫珊于20世纪80年代末写的回忆录，这本书没有公开发行，只是赠阅。可惜的是，由于时间太久，顾伟伦那边没有找到。

回到南京后，记者多方查询，仍无任何线索。这时，记者接到了汤煜琴的电话。她说，《往事感》一书是泰兴内部出版的，你们不妨去泰兴党史办看看。

我们又马不停蹄地从南京赶往泰兴，在泰兴市外宣办副主任张建荣的带领下，见到了泰兴市史志档案局副主任徐文光。

“莫珊？这个人我熟呀，我们泰兴可以算是他的第二个‘家乡’喽！”徐文光笑着说道。看着我们满脸诧异，他接着介绍，莫珊大约生于1921年，出生地是南京，四五岁便跟随叔父来到泰兴，在泰兴生活了10多年。

抗日战争爆发后，他积极参加抗日学生组织，并于1939年在泰兴丁家桥加入共产党。1944年秋，他还曾担任泰兴县委书记，参加过1945年泰兴的抗日战争，20世纪60年代也曾被下放到泰兴农村。

不过，徐文光听别人讲，莫老已于去年去世了！这样的消息让我们感觉很遗憾。“尽管他晚年一直同我们生活在一个城市——南京，却再也无缘见到他。”

“莫珊开展组织工作很有一套，在泰兴入党后，他一直从事党务工作，秘密发展党员。”徐文光说。让徐文光印象深刻的是莫珊在抗日反攻时期出色的筹划、组织能力。1945年，莫珊积极组织抗战反攻，他选择了泰兴严徐庄据点作为第一个攻击目标。当时，攻克这一据点，莫珊他们有极有利的军事优势，但他没有单纯使用武力，而是采用军、政攻势相结合的方法。首先以武装军民四面包围，把敌人困在碉堡内，使其吃不上饭、喝不到水，围而不打，迫其就范。在 3 天的军、政攻势下，伪营长王慕春率 300 多名士兵无条件投降。此后，莫珊又率领全县军民，陆续收复了古溪、黄桥，解放了泰兴县城。

更令我们兴奋的是，徐文光在档案室里找出了仅有的两本《往事感》，并将其中的一本赠给了我们。

记者感知莫珊：永远不变的是信念

越深入地了解莫珊，对他的景仰之情就越浓烈，因此，拿到《往事感》一书，我们都爱不释手。

“‘五四’以后，廿年代初，余生于辛酉腊月，今古稀矣。历经沧桑，备受炎凉，革命奋斗，五十余载；午夜自问，对党对民，曾有所为。虽壮志犹存，惜年华已过，当老骥伏枥，尽我余热。志在精神不老，心理不老，知识不老，安度晚年耳。”

上述文字摘自《往事感》第 423 页，是莫珊在回忆录写作结束时总结人生并用于自勉的一段话。从中，我们不难看出他昂扬的斗志和坚定的信念。

从书中我们了解到，1940 年 4 月，莫珊曾化名陈明章，在靖西（靖江西沙地区的简称）从事了两个月的秘密工作，主要任务是发展党员。他这样记录道：“在这短暂的日子里，我还直接接触过日本侵略者。有一次我到城里去找印刷厂的党员个别谈话。这次是由王有邦带我从西门进东门出。事先他告诉我，到城外吊桥上见到日本军人，要毕恭毕敬地鞠躬，不鞠躬就会遇到麻烦。当时我身上还带着一份‘入党申请书’哩，可为了工作只好忍辱前去。我们走到吊桥上时，一个日本鬼子正背着带刺刀的长枪来回巡走，我在靠近他时规规矩矩地鞠了一躬，可那个鬼子理也不理。我算闯过了关。王有邦告诉我，有的老百姓开始不懂这个规矩，被日本人用刺刀戳伤了。这次我是亲身尝试到当‘亡国奴’的滋味了。不是为了工作，谁愿卑躬屈膝啊！”

1957 年，在全国范围的整风“反右”运动中，莫珊因为好心为同事澄清而被认定“包庇右倾分子”，犯了“严重右倾错误”。他被撤销无锡市委书记处书记职位，并被分配到动机厂当厂长。他这样回忆那段历史：“在动机厂的 3 年，是我心情舒畅、积极进取的 3 年。我经受了考验，未计较个人得失，一心扑在生产上。只是在看到省委处分决定的当晚流了泪。我参加革命后，另一次流泪是 1976 年 1 月听到周总理逝世的噩耗后。那次我之所以流泪，确有得失感。我扪心自问，整风‘反右’中固然有认识上的错误，但自我检查中提到立场错误，则是自我拔高，以期‘过关’，并非肺腑之言。我是抱着‘自我检查从严、组织结论实事求是’的观点，来等待决定的。我自以为书记不能当了，但市委委员总得保留吧，特别是安排当选了一届市人大代表后，在第二届的候选人名单上，我的名字即被‘刮掉’了。自认为在锡担任领导工作几年，难道连人民代表的资格也不够了吗？对此，我确有委屈情绪，但这只是一时闪念，没有因之影响工作。”3 年里，莫珊努力调动全厂职工积极性，去北京争取项目、争取设备，工厂生产能力显著提高。

然而 1961 年，时任江苏省纺织工业厅党组书记、副厅长的莫珊却再次因为莫须有的“私通协作”罪名而被撤销了党内外一切职务。半年后，经过积极争取，才谋得了在市计委生产科做一个普通干部的机会。他写道：“在基层蹲了几年，积累了一些工作经验。在机关科室一段时间，知道了一个普通干部是怎样工作的。对我来讲，确实拓宽了视野，增长了知识。我参加革命后，除了秘密工作时期做过支部工作外，从创建根据地到新中国成立后，均在县以上领导机关工作，抗战胜利后，在土改工作队，做的是一个短时期的群众工作，没有在乡里、区里工作过，不可避免地存在对‘下情’了解不深切，和群众联系不密切的缺点。1957 年‘反右’中被牵连，1961 年被处分，就补了我这一课。说实在的，我所以能比较地不拿架子、平易近人、说空话少、做实事多，与这个时期的锻炼有关。就我一生来讲，受挫折被冤枉是坏事，但弥补了我的不足，坏事又变成了好事。”

正是在这样的信念支撑下，莫珊勇敢地经历了抗日战争、解放战争、“反右”牵连、撤职处分和下放农村等一段段艰苦的岁月；也正是这样的信念，陪伴他走过了起起伏伏却异常精彩的人生。

（本文作者系《中国县域经济报》记者张道平，实习生张春丽）

六个月的任期　六十年的记忆

江苏省扬中县（现扬中市）第一任县委书记——陈寒

陈寒

生于1917年9月。原名陈正松，江苏扬中油坊镇人。

1938年加入中国共产党，7月任扬中青年抗日团分团团长，10月参加“挺纵”战地服务团支部，1939年6月任扬中师资训练班党支部书记，1940年2月任扬中县抗日民主政府民运科科长，同年12月任民政科长。1942年任武进县委书记。

1949年4月至10月任中共扬中县委书记。此后曾先后任苏南区青年团工委组织部长、无锡庆丰棉纺织厂党委书记、无锡市纺织局党委书记、无锡市委工业部长等职。

1953年先后调任江苏省纺织工业局局长、省纺织工业厅第一副厅长、党组副书记、省丝绸工业局局长、党组书记。1958年任无锡纺织工业学院院长兼党委书记。1964年调任江苏省纺织工业厅第一副厅长、党组副书记。1983年离休。

扬中县抗日民主政府成立，陈寒任民运科长，开展抗日宣传教育、组织游击活动、动员青年参军等工作。1942 年，陈寒调任武进县委书记。

抗日战争胜利后，按照国共双方“双十协定”的规定，长江以南中共所属的军队要撤至长江以北。为顾全大局，扬中县包括县委、县政府、县独立团成员在内的共 900 余人先后北撤至兴化、泰兴等地继续开展革命斗争。

1949 年 1 月，随着解放战争三大战役之一淮海战役的胜利，解放军挥师南下，直逼长江，吹响了“打过长江去，解放全中国”的号角。扬中县“江心跳板”的独特地理优势，再一次成为解放军渡江南下作战的中转站。1949 年 4 月 21 日晚上 9 点半，主攻扬中的先头部队二十军五九师一七五团从东新港、十九圩、何家大港三处登陆，22 日，扬中全境解放。

赵纪福告诉记者：“其实，解放大军在江北集结待命时，扬中县的党、政领导班子已经选配好了。1949 年 4 月上旬，中共扬中县委员会、扬中县人民政府在江都县嘶马镇鲍家庄成立，担任县委书记一职的正是陈寒。”

当年党、政领导班子成员之一的冯南生（照片中二排右四）在后来接受该县史志办工作人员采访时也曾提到，在渡江前，由于他们这些领导干部中多数都是本地人，熟悉当地情况，因此配合解放军部队做了大量细致的准备：侦察江南地形、选择登陆点、集中木船、准备粮食等，在渡江当晚还担当了渡江大军的向导。冯南生和部队从东新港登陆，陈寒则配合主力部队从何家大港登陆。冯老回忆道：“太快了！没想到国民党的防线竟然如此薄弱，渡江非常顺利，短短几个小时就实现了扬中的全境解放。”

二追陈寒

不知不觉，天色已晚。离开史志办，严峰部长执意要陪我们一起吃饭。说到陈寒，严峰表示并不陌生，见过许多关于他的资料记载。

“陈寒哪，你可以去找一找朱鹏飞。”坐在一旁的新闻中心主任顾永生说道。

“朱鹏飞是谁?”我们问。

“是一位老同志，扬中解放后任粮食局局长。上世纪70年代时还做过扬中县长。”顾永生的一句话让我们心中暗喜，严峰也连连点头说道：“我给你们联系一下，如果有可能的话，明天去拜访一下朱老!”

当天晚上，我们便接到严部长的电话，说他已经与朱老联系好了。

4月13日吃过早饭后，在顾永生的陪同下，我们来到了朱老家中。尽管已是88岁高龄，但是朱鹏飞老人依旧精神矍铄，声音洪亮。他告诉我们，自己是武进人，抗日战争胜利后跟随新四军北撤到宝应县，1949年4月23日随军到达扬中。

“刚刚解放时，扬中比较穷，90%以上的人住的都是茅草房，粮食产量低，人们生活非常艰苦，陈寒他们开展起工作来也很艰难。”朱老说，“当时县委、县政府的主要任务有四个：召开群众大会，稳定社会秩序；扫清残敌，收缴枪支；搞好生产；筹集军粮，支援大军南进。我当时担任的正是粮食局局长。为了保证粮食征借，陈寒抽调了20余名机关干部到达各区，在一个多月内开办了两期会计训练班和一期乡财政干部训练班，一共培养了100多人，这些干部的主要工作便是征借粮草。我也参与其中，负责培养财经干部。”

据朱老介绍，在借筹粮草中，政府制定了征借政策并严格执行，对贫苦农民借出的粮食，政府都打了收条，等秋征时抵兑。成果也很显著，到当年 6 月 15 日，全县就筹借粮食近 166 万斤，并保证供应了驻扎在扬中 1 个多月的二十军卫生队的粮草。

“我是解放后才到扬中的，我感觉陈寒这个人工作能力很强，为人也没有架子，很有亲和力。”朱老这样评价。

对于接任陈寒的县委书记刘汉清，朱鹏飞老人也有些印象：“他是从山东莱阳调过来的，很重视理论学习，经常组织干部学习哲学、辩证法，并亲自到乡里蹲点培训干部。1950 年春，扬中遭遇了罕见的‘春荒’，近 3 万人挨饿。刘汉清组织开展了生产自救，开垦荒地，种菜，发动群众网鱼虾、拾螺蛳、挑野菜，鼓励手艺人制造推销柳器、竹器等手工业品，增加农民的收入。”

离开时，朱老起身将我们送到门口并再三叮嘱，陈寒的事迹见报后一定要寄一份给他看看。

（本文作者系《中国县域经济报》记者张道平，实习生张春丽）

“两灌”人民的骄傲

江苏省灌云县第一任县委书记——杨肇庭

杨肇庭

江苏灌南县人，1909 年 11 月出生，1932 年 2 月参加革命，同年 7 月加入中国共产党。1939 年 2 月至 1941 年 1 月，先后任八路军陇海南进支队三团二营连政治指导员，宿沭海中心县委第一县委委员、宣传部长，灌云县委委员、宣传部长，沭阳县委委员、宣传部长。

1945 年秋天起任灌云县委委员、组织部长，县委副书记。1949 年 5 月至 1951 年 12 月任灌云县委书记。此后，又先后任泗阳县委书记和淮阴地委组织部长。1958 年 4 月至 1960 年 7 月任灌南县委书记。

离开灌南后，任淮阴地委常委、组织部长。1973 年起历任淮阴地委党校副书记、副校长，淮阴地区机关党委会书记，地委统战部部长，地委常委、纪委书记。1983 年 3 月离休，享受正厅级待遇。2002 年 4 月 30 日逝世，享年 93 岁。

在围绕“追寻新中国第一任县委书记”这一选题展开采访工作之前，记者先行前往江苏省党史档案室查阅了一些相关史料。翻开《中共灌云县地方史》，找到灌云县新中国第一任县委书记的名字时，不禁有些吃惊。杨肇庭？这不是灌南建县后第一任县委书记吗？

因为记者是灌南人，也了解一些家乡的历史。而灌南与灌云的关系，也甚是特别。灌南于1958年建县，正是由原灌云县与涟水县部分乡镇合并而成的。对于杨肇庭，记者略有耳闻，不过也仅限于知道其是一位老革命家而已。

为了了解更多信息，记者随即与灌云县新闻中心主任葛志亮取得了联系，他向记者提供了另一个信息：杨肇庭的老家就在灌南县北陈集镇。由于记者对灌南较为熟悉，所以决定直奔北陈集镇。

最初的寻访
纪怀成深情回忆：一定要把工作干好

4月的苏北，桃红柳绿，春意盎然。4个多小时后，车已到达北陈集镇的街头。在向路人询问去路的时候，一个倪姓老人表示，杨书记早在2002年就去世了，其家人早就全部搬到淮阴（现淮安）住了。因为杨书记参加革命太早，自己又是后搬到北陈集的，所以，虽然杨老在世时也曾回老家看过几次，但了解的并不多。问答中，围观人群渐多，却再无人提供更多线索与信息。就在将要离开的当口，一位耄耋老人叫住记者，表示自己跟杨书记有过交往。

老人名叫纪怀成，于20世纪60年代供职于灌云县内某银行。纪老在淮阴（当时的灌云归淮阴地区行政专署管）参加为期3个月的岗位培训时，一天晚上，培训主办方组织观看演出。当主持人请出淮阴地委常委、组织部长——杨肇庭讲话时，纪怀成喜出望外，因为他早就听说杨肇庭是北陈集出来的老革命，大领导，现在能够这么近距离地倾听他的讲话，是做梦也梦不到的。因此，杨肇庭在台上讲得激情澎湃，他则在台下听得热血沸腾。待杨肇庭讲完落座后，纪怀成便跑到他身边向他问好并简单介绍自己是灌南陈集街人。知道自己遇到了小老乡的杨肇庭很高兴，热情地向他问长问短，包括他的家庭、工作等等。知道纪怀成也是来参加岗位培训的，杨肇庭语重心长地说："能在银行工作不容易啊，你一定要好好学，把工作干好，为我们北陈集人争光。"稍顿片刻，他又说："这个星期天，你来我家里吃饭，改善伙食，我要亲自包饺子给你吃。"激动之余，纪怀成一口答应了。星期天，当他如约而至的时候，杨肇庭已经坐在桌前包饺子了！后来的3个月里，杨肇庭每个周末都叫他去家里吃饭……

"虽然我也不好意思去，但杨书记盛情难却，而且在他家那些天里，他还常常教育我如何做人做事做好工作。他很关心年轻人的成长。"纪怀成老人还给记者提供了杨肇庭侄儿在淮阴的联系方式。

继续追寻
党史办主任介绍：带领群众大搞积肥运动

欣喜之余，记者急忙又驱车前往灌南县委宣传部，希望在宣传部的帮助下得到更多的有关杨肇庭的信息。灌南县委常委、宣传部部长邓玫玫在问清此行目的后，随即电话联系了县党史办同志并又特地从县新闻中心调度了一名记者陪同采访。

次日，记者赶到了灌南县党史办公室。据该办主任李锦华介绍，在杨肇庭带领下的两年多里，灌南面貌改变极大。农业生产大丰收、工业突破空白、交通闭塞局面得到改善、小学教育得到普及、全县医疗网也得以建立……

在李锦华的介绍里，我们还得知，杨肇庭做县委书记的时候，不管是大搞水利、积肥或是夏收、秋收，都是下到劳动第一线的。

1959年初，灌南县委按照中共中央和国务院的部署精神，大搞"积肥"运动。杨肇庭与其他县委领导一道带领县直机关、企业、工厂、医院等单位500余人进行了为期4天的积肥突击。那4天里，杨肇庭与所有的劳动者一样，奋战在积肥第一线。他身先士卒、手提肩挑，一趟又一趟地往返于积肥点。在他的带领下，4 天共积肥 4.21 万余担……

1960 年夏，麦收在即。就当时的情况，农业靠天吃饭，麦收时如果遇到洪涝天气，遇到老天爷不帮忙，丰收就会成为奢望。所以杨肇庭在安排好全县的麦收工作以后，深入堆沟、苏光等公社指挥麦收战斗。而不管到哪个公社，杨肇庭都会在查看麦收情况之余，与众多老百姓一道在麦田里挥动镰刀，抢收麦子。那年，大田里的蚊虫特别多，不管怎么防备，都会被虫子叮咬。但杨肇庭根本就不在乎，他一边挥镰割麦，一边鼓励大家抓紧时间抢收麦子……就算汗流浃背，也顾不上擦一把。

赶赴淮安
侄儿动情叙述：不给组织添麻烦

几经辗转，数次联络，我们终于见到了今年已经 73 岁的、杨肇庭的侄儿——杨开展。老人住在淮安市区的一个名为“水畔花城”的小区，在见到记者的刹那，他显得很是激动：“真想不到，现在大家还记着我伯父。”

“我记得最清楚的就是伯父在灌南的城市建设、工农业发展上的高瞻远瞩。灌南县城的人民路和新兴路都是在 1958 年设计兴建的，历经 50 多年，到现在也不落后，因为我伯父当年就把灌南县城的规划定性为现代化的小县城。此外，现在新安镇境内的中心河、郑于大沟等都是伯父当年做的，到现在还在灌南的防洪排涝中起着重要作用。他任职的那几年里，灌南还建起了印刷厂、面粉厂、酒厂、棉织厂以及一个小型火力发电厂，这些厂子在灌南的经济发展中起到了极大的促进作用……”谈吐间，老人的骄傲之情溢于言表。

对工作，杨肇庭勤勤恳恳、一丝不苟，对同事、对朋友，亲切友好、热情洋溢，对自己和家人要求非常严格，甚至到了不近人情的地步。

杨开展的父亲是杨肇庭的亲弟弟，与杨肇庭同年参加革命，1940年护送纵队政委去山东邳北的路上牺牲。时年仅两岁的杨开展便成了孤儿。成年后，杨开展家庭经济情况较差，有一年身体不好，家庭生活捉襟见肘，几次就将揭不开锅。思量多次，他准备向灌南民政申请救助。不知怎么的，这事被杨肇庭知道了。他立即打电话给民政部门，"你们不得批准杨开展的救助申请。他要是没钱看病，没钱生活，叫他打电话来找我，我负责就行了。你们要把精力放在比他更需要救助的人身上。"

2002年，杨肇庭病危，偶有清醒的时候，便对身边的亲人嘱咐再三："你们记着，我要是有个三长两短的，一定要体谅党和政府的困难，不管自家能不能安排或者安排到什么程度，都不能给组织增添麻烦。"如此地，反复多次，甚至就在其进入昏迷前还念叨着："……不要给组织添麻烦……"

"我家伯父啊，一心就想着别人，生怕家里人给公家添麻烦……"叹息间，杨开展老人的眉宇间有掩不住的自豪悄悄洋溢。

精神永存
县委领导表示：是我们学习的榜样

两天的采访，我们了解到了一个平易近人、见识高远的县委书记形象。乘胜追击，我们决定前往灌云县。

记者通过电话与灌云县新闻中心葛主任取得联系，并请他与当地党史办做了沟通。因此，我们离开淮安后便直奔灌云县党史办。党史办主任夏玲早已在办公室等候，并给我们讲述了自己所了解的关于杨肇庭的事情。

灌云史称洪水走廊，经常为水患所害。杨肇庭任灌云县委书记时，正值该县水灾之后。由于土地严重碱化，加之耕作粗放，肥料缺乏，亩单产很低。据当时的数据统计，逃荒、断饮户占到了区总户数的近一半。

面对这种情况，杨肇庭在积极争取上级救助的同时，成立了专门的救灾机构，号召全体党员、干部，采取群众自助、生产自救等措施，克服困难，战胜灾荒。在生产自救中，杨肇庭根据不同情况，引导和组织灾民采取不同方式，因地制宜地发动群众打石子、织席子、做小生意、捕鱼摸虾、采草药、挑野菜等。

与此同时，据夏玲介绍，杨肇庭结合救灾工作，积极动员当地民工在半年时间里分三个阶段大搞水利工程。这些举措的成果是实实在在的，老百姓的参与和支持的热情都空前高涨，不少妇女也参与到了兴修水利中。

夏玲说："除了这些，根据形势的迅猛发展，杨肇庭还积极进行恢复教育、文化、卫生事业工作，为此后灌云的快速发展奠定了坚实的基础。"

追寻工作结束后，我们回到灌南，该县县委常委、宣传部长邓玫玫仔细询问了我们采访的过程。她用一句话评价杨肇庭："他为党和人民的事业竭尽心智，无论是对于灌南还是灌云，都做出了极大贡献，是'两灌'人民的骄傲！我们怀念他，是我们学习的榜样！"

（本文作者系《中国县域经济报》记者张道平）

听老部长讲老书记的故事

江苏省吴江县（现吴江市）第一任县委书记——鲁琦

鲁琦

1918年1月生于山东海阳。卒年不详。1936年9月参加革命，1938年2月加入中国共产党。1949年4月，任中共吴江县委员会委员、书记；1950年6月后，兼任吴江县县大队政委、县独立营政委、县人武部政委；1951年7月，任中共苏州地方委员会委员、苏州专员公署副专员；1953年3月，任苏州专员公署专员；同年5月，任中共苏州市委常委、书记；1954年1月，任华东局组织部组织指导处处长；1955年2月，任党中央第四办公室工业组副组长；1957年2月，任党中央办公厅“后楼”工业组研究员；1965年8月，代理工业组长工作；1966年6月至1978年1月“文化大革命”受迫害；1978年6月至1981年10月，任中国科学院自然科学史所代理党委书记。

鲁琦（前排左四）

4 月 18 日，记者在吴江同里镇参加“同里之春”国际旅游文化节期间，见到了吴江市委宣传部副部长王庆。闲聊提及“追寻新中国第一任县委书记”选题，王庆很感兴趣，约我们第二天到吴江市人民政府详谈。

19 日 8 点刚过，王庆已在办公室等候。王庆告诉我们，他确定吴江县第一任县委书记是鲁琦，为山东南下干部，其他具体细节知悉不多。这时，新闻宣传科长张洪蛟想起一个人——吴江市宣传部原副部长徐佑永。

今年 70 岁的徐佑永曾在担任副部长期间（1996 年左右）与鲁琦有过接触，且他参与了吴江文史资料的编写，尤其是对吴江党史部分较为熟悉。正如王庆所言，“吴江党史都装在他的脑子里”。

果然，见面伊始，老部长便为我们回忆起那个有文化、有谋略、有魄力的老县委书记——鲁琦。

上任之初：稳定秩序　顺利接管

徐佑永先为我们介绍了吴江解放前夕的情况。当时，一批又一批的国民党军队从前线溃退下来，途经吴江，四处骚扰。尤其是驻扎在吴江的国民党一二三师顾锡九部队，拉夫抢粮、敲诈勒索，老百姓苦不堪言。当时，有不少中共地下党员活跃在吴江地区，分别属于中共吴嘉工委、澄锡虞工委、苏锡吴工委和丹北工委 4 个系统。他们开展策反、发动群众起义、组织护卫守备队，积极维护社会治安。

“在这些地下党组织的配合下，1949 年 4 月 29 日，中国人民解放军第三野战军第十兵团二十九军八十七师二六〇团进驻吴江松陵镇。也在当晚，接管政权的胶东、苏北干部 93 人也随军南下抵达了吴江县城。这些干部的负责人正是鲁琦。他早于 1949 年 3 月份就在苏北如皋被确定为吴江县委书记了。”徐佑永补充道。

鲁琦刚刚上任时的吴江，社会状况比较复杂。据徐佑永讲，吴江县原是国民党反动统治的“模范县”，因此，反动势力十分猖獗。虽然解放前夕，中共各个系统的地下党组织多次挫败了敌人的抢劫和破坏活动，但仍有一些重要档案资料被劫走和烧毁，一些重要物资也被转移，接管工作难度很大。

“而且，吴江并不是全境同时解放。从 4 月 29 日解放军进驻吴江松陵镇，直到 5 月 5 日，才实现了全境解放。国民党残余分子不时散播谣言，进行反动宣传，一些旧职人员产生消极、抵制情绪，甚至对抗接管。”徐佑永说，“不过鲁琦是大专学历，而且在苏北接受过干部培训，因此领导和解决问题的能力特别强。他根据当时情形，果断地将接管工作确定为先城镇后乡村、先北后南逐步进行。他带领县委领导干部深入城镇、乡村，广泛地向各界群众，尤其是旧职人员宣传党的接管政策，责令限期移交。同时，还加强了对接管干部的思想教育，提高他们执行政策的自觉性。由于方法得当，各项接管工作都进行得很顺利。”

大显身手：借粮献粮　清匪剿匪

鲁琦在接管政权时，正处在解放军向南急进之际。为支援南下部队及上海战役参战部队的粮草供给，鲁琦带领县委干部发起了借粮献粮运动。

徐佑永告诉我们：借粮献粮运动中也遇到了一些阻力。由于一些干部对当地土地情况了解不够，政策掌握也不够适当、灵活，造成了土地多的城镇地主负担轻，土地少的农民负担重的不合理现象。更有一些大地主少报土地数，逃避负担。除此之外，解放初期，由于工农群众中的积极分子队伍还没有形成，缺乏中坚力量，借粮筹粮只能依靠保甲长去执行。一些保甲长在具体执行过程中不按政府标准，也不向群众说明，强迫、命令群众交纳粮草。

这些情况引起了鲁琦的高度重视，他认真总结经验教训，及时组织干部进行调查研究，摸清情况，并根据上级指示精神，确定新政策：自田、佃田与租业田（地主田）分开负担，以市镇地方负担为重点，减少乡村农民负担；利用地主阶级自己组织的市镇筹借粮委员会，交付一定任务，查地归户，落实任务；争取教育较开明的地主和中小地主，打击个别顽固分子。如此一来，有效推进了借粮献粮工作。

“剿匪是鲁琦在接手吴江后开展的另一项重要斗争。”徐佑永介绍，吴江靠着东太湖，处于江、浙、沪交界的三角地区，匪情较为复杂。尤其是太湖土匪，由来已久，一直以来群众中都流传着“太湖土匪捉勿尽，民不聊生苦中苦”的民谣。在解放初的头两个月中，吴江各区抢劫案频频发生，而且国民党匪特和地方恶霸相互勾结，到处制造谣言，张贴反动标语，煽动、欺骗和恐吓群众。鲁琦采取了军政并进的方法，在军事清剿的同时，向群众宣传全国胜利形势，动员群众配合剿匪，建立情报网，监视土匪的动态。经过近两年努力，历史上长期蔓延的匪患销声匿迹。

彰显魄力：创新方法　完成土改

徐佑永说："我撰写文史资料时，曾经访问过许多当年跟鲁琦共事过的老干部，现在这些人几乎已经都不在了。他们对鲁琦有同一个评价：做事很有魄力！"

1950年8月，吴江土地改革开始，到10月中旬，为试点阶段。这一期间，由于江南农村地主分布的特点及其"苏南无封建"等谬论的影响，土改工作中不同程度地存在"和平土改""宽大无边"等偏向，许多干部存在顾虑，不敢大胆放手，致使一些不法地主没能得到应有惩治。还有一些农民对土改心存疑虑，怕"回山虎"，对地主不敢斗，对土改不起劲，致使地主气焰嚣张。

"鲁琦的魄力在这里体现了出来！"徐佑永略显激动："他亲自带领土改工作队到农村，访贫问苦、召开农民代表会议，举办农民积极分子短期训练班，逐步把农民组织起来，调动了农民反封建斗争的积极性。同时，他还大胆创新，提出在土改中区别对待的原则。对那些罪恶深重、人民深恶痛绝的地主恶霸分子，采取人民法院公审结合群众大会控诉的办法进行；对于那些罪恶较轻的不法地主，则由农会组织，开展面对面的说理斗争。在这种方式之下，农民的主动性和信任感都提升起来了。仅仅用了不到一年的时间，吴江便摆脱了千百年来的封建土地剥削制度。"

（本文作者系《中国县域经济报》记者张道平，实习生张春丽）

舍“小”家保“大”家的革命者

江苏省沭阳县第一任县委书记——于康

于康

1920—1995 年，又名东平，化名张亦生，江苏灌云县陡沟乡深沟村人，中共党员，高师文化。1937 年冬参加革命工作，1938 年 10 月加入中国共产党。抗战初期，先后任山东省尼山地委委员，山东邹县、费县县委书记。1942 年负伤后，转移至苏北工作，先后任灌东工委书记、沭阳县委书记（1946.10—1951.4）。1951 年，离开苏北革命根据地。1952 年，任华东电力建设局局长兼党委书记。1979 年底，调江苏省计划委员会工作，兼任江苏省驻上海办事处主任。1985 年离开工作岗位。1995 年 8 月 23 日逝世，享年 76 岁。

5 月 2 日天微微亮，我们“追寻新中国第一任县委书记”采访组一行从南京启程，赶赴江苏省宿迁市沭阳县。

沭阳县委宣传部副部长江艳帮我们联系到了该县党史办主任韦泽洋。韦泽洋只知道于康是江苏灌云县人，但他不能提供更多的信息。随后，我们联系灌云县新闻中心主任葛志亮，他又帮我们联系了灌云县党史办主任夏玲。

从沭阳到灌云，55 公里，驾车大约 40 分钟。见到夏玲后，她告诉我们："于康是灌云县陡沟乡深沟村人，他的墓在大伊山公墓，他的后人还经常来看望他。"她拿出一本《一代雄风——灌云党史资料第三辑》，翻开了一篇于康写的文章《我的革命道路》。这让我们非常欣喜。

为获取更多信息，我们决定前往于康的故乡——深沟村。车子行到一个拐角处，一位两鬓斑白、60 多岁的老人热情地帮我们指挥倒车。我们借机向他打听，没想到他竟说："你们找对人了，于康是我本家兄弟。"

一心为党　无私奉献

老人叫于成溪。他告诉我们："于康是我本家哥哥。我 1965 年参军时，他经常写信督促我好好学习，教育我作为军人要随时服从部队调遣，要有一不怕苦、二不怕死的革命精神。这句话时时激励着我，参军期间我年年都是'五好战士'。一直到现在，哥哥的话还记忆犹新。"

老人从柜子里翻出一页已发黄的纸，上面写着于康后期工作的单位对他的评价：于康同志一向关心群众，平易近人，襟怀坦白……表现了革命老干部的高尚品德，赢得了广大干部和群众的爱戴和敬仰。我们要学习他高尚的革命精神和严谨踏实、深入细致的工作作风……

谈到于康在沭阳的情况，于成溪说：他的确是一个很无私的人，不管蒙受了多少冤屈，都始终想着党，想着人民。解放战争时期，于康同沭阳人民一起经历了非常艰苦的日子，革命情谊非常深厚。尽管后来离开沭阳，但他对沭阳人民给予他的恩情念念不忘，还经常说他为沭阳做的事情太少太少。

兄长引上革命道路

关于于康是如何走上革命道路的，于成溪说："于康13岁的时候，他父母要他去大伊山店铺当学徒，以给家里挣点生活费。但是哥哥于化琪坚持让他去外边念书，并表示弟弟的学费他想办法解决。就连'于康'这个名字也是哥哥于化琪给起的。他父母起初反对，但后来也同意了。就这样，于化琪节衣缩食供他上了几年学。"

在《我的革命道路》这篇文章中，有这样的记载："20世纪30年代初，我的家乡灌云县十分动乱，民不聊生。原本还算宽裕的家庭也因为要供胞兄于化琪上洋学堂而典卖土地，借高利贷，过着吃了上顿没下顿的日子。父母期望于化琪好好学习，将来能再振兴门第。但是，于化琪在共产党的影响下参加革命，自己的生活都难以维持。因为无法接济家里，母亲有很多抱怨。父亲还好，能体谅他的苦衷。后来，哥哥想方设法让我在县城读了几年书。在抗日战争和解放战争时期，于化琪都在鲁南地区工作。全国解放后，主要搞铁道工作。60年代，因身体不好移居苏州。1984年10月78岁时因心脏病突发而去世。哥哥的革命精神对我影响极深，正是在他的引导下，我和弟弟于明先后离家走上革命道路。"

舍"小"家，保"大"家

于成溪仔细回忆：1944年底，于康奉命被调到淮海地委参加整风学习，从此离开灌云。在这期间，伪军对他的家庭采取软硬兼施的手段，不断施加压力。敌伪势力监视父母的行动，威逼恐吓他的家属，时而放火烧杀，时而鸣枪示威。于康的父亲已年迈，受不了如此折磨，忧愤成疾，于1945年春含恨去世。

1945年秋，日本投降了。随后，国民党反动派向解放区发动了全面进攻。国民党反动军队同当地封建地主还乡团勾结起来，对人民、对革命战士家属进行凶恶的残害，灌云很快成了国民党反动派的统治区。

当时，于明（于康的弟弟）正在家乡附近打游击，家里只剩下年迈的母亲，没人照顾。于明预感到反动派会在他母亲身上打主意，就让母亲藏身于邻村一户贫苦的农民家里，但最后还是被还乡团发现了。他们把老太太软禁了起来。村里人不敢公开接近她，只能冒着风险偷偷地给她送点吃的。老太太处境极其艰难，贫病交加，于1947年春夏间离开人世。

当时正是国民党反动派、地主还乡团对解放区人民频繁“扫荡”、残酷镇压的时候，于康随沭阳县武装斗争进行战斗，行踪不定。家乡打游击的人几经辗转后设法找到了于康，将母亲去世的消息告诉了他。他只能在左臂上戴上黑纱以示悼念，化悲痛为力量，继续投入武装斗争。

1946年底，国民党反动军队侵占沭阳城前夕，按照上级党的部署，为了更好地转入国民党侵占的后方坚持敌后斗争，县级机关的老弱病残、女同志和家属，随主力部队北撤山东。于康的爱人朱达贞也在县里工作，那时他们已有两个男孩，一个3岁，另一个不满1岁。她随队北撤，经常转移住地、生活极不稳定，孩子生病无法及时治疗，两个幼儿都先后丧命。痛失双亲、儿子的于康更加坚定了同敌人斗争到底的决心。

讲着讲着，于老的眼眶湿润了，声音有点哽咽。我们的心情也都很沉重，对这位革命斗士的敬佩之情油然而生。

（本文作者系《中国县域经济报》记者张道平，实习生孙小文）

点点滴滴都是革命的足迹

江苏省泗洪县第一任县委书记——朱光

朱光

籍贯江苏徐州。1948年淮海战役中任泗宿县总队长兼政委；1949年10月到1951年6月任泗洪县委书记；1951年8月到1952年6月期间，任濉溪县委书记。

据江苏省党史办公室资料显示，从1949年10月开始，朱光上任泗洪县委书记，1951年6月离开泗洪。泗洪县于1949年4月建县，其原属安徽宿县地委，后经区域调整，于1955年划入江苏淮阴地委。

老同志回忆老革命

5月16日上午9点，记者拨通江苏省泗洪县委宣传部副部长金同闯的电话，电话那边传来金部长的声音："你们追寻新中国第一任县委书记的报道我看过，这个创意不错！"

9点30分，记者驾车出南京，跨长江大桥，上宁徐高速，开赴泗洪。上午11点左右，汽车驶入泗洪县城。这时手机传来金部长的声音："到哪了？常委吴部长及党史办、档案局领导都在等你了。"

会议室里，泗洪县县委常委、宣传部长吴雪丽（至发稿日已调任）及县党史办副主任周秦、档案局局长助理蔡桂兰已经在等候我们了。周、蔡坐在椅子上，手里没拿任何材料，记者心里有点打鼓。不出所料，寒暄过后，他们表示有关朱光在泗洪任县委书记的可查资料很少，“难道这次要无功而返吗？”记者有点不甘心。

吃完午饭，记者无心休息，决定走街串巷，找年龄稍长一些的老人问问，或许能找到点儿信息。在一连得到几个“不知道”的答复后，转机发生了。在泗洪老城区人民东路上，记者见到一位散步的老者，便上前招呼，没想到，80 岁高龄的裴大爷竟真对我们要寻找的朱光有些印象。这真是让我们喜出望外！

“哦，朱光呀，有点印象。他高个子，大眼睛，声音很洪亮，口才很好，他的演讲经常能赢得雷鸣般的掌声。我参加过抗美援朝前的一次镇压反革命的大会，亲自听到过他的演讲！尽管是大寒天，但他那极富感染力的语言鼓动着群众，我们都感到义愤填膺。”

老人对当时的一些情况记忆犹深。“1950 年夏天，泗洪境内连降大雨，洪水泛滥，大水给人民的生命财产带来了严重的损失。灾荒面前，朱光毅然把抢险救灾作为头等大事，亲自带领全体干部群众投入救灾工作。待水势下降后，他又立即组织群众生产自救，排水播种，并动员非灾区群众，支持灾民顺利度过灾荒。当时采取的是以工代赈等办法，全县迅速掀起兴修水利、抢筑围田、开挖河道的热潮。”

这时，一位女士走了过来，打断了我们的谈话，她是裴老的孙女，来接老人回家吃饭的。

晚上，党史办副主任周秦打来电话说：“泗洪县委会简明登记上记载，朱光籍贯是徐州，他可能在安徽泗县工作过，因为 1955 年以前，泗县的一些乡镇原来是隶属于泗洪县的，要不你们去泗县看看。”

“好，去泗县！”记者坚定表示。

跨省追寻革命足迹

第二天上午 10 点左右，泗县县委办主任窦贤君接待了我们。首站去了泗县档案局，局长巩友连很热情地帮我们找来《泗县县志》，认真翻阅新中国第一任县委书记及其他任职履历表。遗憾的是，整本县志上面并无朱光的名字。后来，党史办主任张俊又拿出一本上千页的当地《党史志》，上面记满了密密麻麻的人名，唯独没有朱光。

记者感到非常纳闷：既然在此地从事过革命工作，为什么没有记录呢？党史办的橱柜里面堆满了各种书籍，我们希望可以从中找到有关朱光的一些事迹，可是仍然没有线索。

午饭时间，档案局巩局长打来电话，说："据濉溪县志记载，朱光 1951 年 8 月到 1952 年 6 月期间，任濉溪县委书记，你们下午可以到濉溪看一看"。希望的火苗再次被点燃。随行的安徽站记者吴昊立马拨通了濉溪县委宣传部外宣办的电话，并讲明我们的意图。

匆匆吃完午餐，我们踏上去濉溪的路。

再次追寻朱光足迹

下午 1 点，我们出发赶往濉溪。3 点 20 分左右，我们到达濉溪县委宣传部。外宣办主任西凤带我们到了濉溪县党史办。党史研究室主任梁廷春从柜子里拿出濉溪县志，上面记载朱光曾在 1951 年 8 月 1 日到 1952 年 6 月任濉溪县委书记，其他信息没有记录。

随即我们请西凤主任带领我们去档案局。档案局副局长戴长虹介绍道："朱光同志于 1951 年 8 月 1 日任中共濉溪县委书记。8 月下旬，由他发动召开了县第一次工人代表大会，朱光在会议上做了形势报告。大会就宣传《工会法》《劳动保险条例》和开展增产节约劳动竞赛等活动作出决议。也正是在这次会上，该县选举成立了濉溪县工会联合会。紧接着，也就是9月上旬，濉溪县初级师范学校建立。同年12月26日—30日，濉溪县召开了第一届第二次各界人民代表大会，朱光任各界人民代表大会常务委员会主席。会议就土改、治淮、抗美援朝、发展民兵等项工作作出决定，并成立了治淮总队。1952年1月11日，成立了县三反运动整风委员会，朱光任主任。从那时候起，全县掀起反贪污、反浪费、反官僚主义的‘三反’运动，7月底‘三反’运动结束。”

戴长虹局长停顿了片刻说：“朱光在濉溪任县委书记一职时间较短，所以轰轰烈烈的大事也谈不上。不过，1952年3月，他响应党中央的号召，要求各区乡政府认真贯彻执行中央禁烟政策，依法严惩了制造、贩卖、吸食毒品等不法分子。比较而言，这也算是件大事了。新中国成立了，接下来要做的事情就是带领人民群众积极生产。4月，朱光带领老百姓掀起工农业增产竞赛运动的高潮。同年6月，全县大力开展群众性的爱国防疫卫生运动，宣传科普知识，动员人民做好个人和环境卫生、消灭‘五毒’。”

记者表示不是很满足。梁廷春主任提示我们，朱光曾经在安徽宿县工作过，即现在的宿州市埇桥区，那里会不会有他的信息呢？吴昊随即拨通埇桥区常务副区长徐苏北电话并询问有关情况。很快，记者就接到了埇桥区党史办尹主任的电话，却称埇桥区查无此人。天将快黑了，记者只好从蚌埠返回南京，到家时已是晚上9点多了。

回家后，翻阅泗县赠送的《皖东北革命斗争史》，在第350页上，惊喜地找到了“朱光”的名字。

“朱光在1948年淮海战役中任泗宿县总队长兼政委。泗宿县是地处淮海主战场的江淮二、三分区和豫皖苏三分区所属地，朱光积极在广大群众中开展思想发动工作，并认真解决好人力负担、工具牲口合理顶工，照顾民工家属家庭生产等方面的具体问题，使群众放心投入到支前工作中去。泗宿县人民豪迈地提出：‘前方要什么，我们就支援什么’‘解放军打到哪里，我们就支援到哪里’‘倾家荡产、支援前方’‘一切为了前线，一切为了胜利’。支前成了泗宿人民群众的自觉行动，涌现出许多共产党、青年团员带头做表率，父子争上前线，妻子送丈夫，青年推迟婚期当民工的动人事迹，在中外战争史上谱写了旷古未见的人民战争的壮丽诗篇。”

（本文作者系《中国县域经济报》记者张道平）

没有为亲属开过一次后门

江苏省新安县（现新沂市）第一任县委书记——何春台

何春台

1911年出生于江苏灌云县。1940年加入中国共产党，同年参加革命工作。“七七事变”后活跃于广大农村，宣传抗日救国，鼓动群众抗日，筹划购买枪支，支援抗日武装。1949年3月，何春台任灌云县委第一书记及县长。1949年8月至1953年3月，任新安（今新沂）县委书记。离开新沂后，任淮阴地委委员、宣传部长。1954年，响应国家建设发展东北的号召，赴东北局工作。不久，调任黑龙江省鹤岗市委书记。1965年，任哈尔滨市标准计量局局长。1973年，担任哈尔滨市科委副主任。1977年病逝。

“追寻新中国第一任县委书记”采访组一大早从南京赶往徐州新沂市，到达时已是上午10点了，新沂市委常委、宣传部长张长征特别派了市委宣传部副部长刘丙午等三位同志陪我们前往该市党史办。

“导沂整沭”工程的功臣

党史办主任时云泽告诉我们，新沂是1949年5月20日由潼阳、苏北两县撤销后组建而成的。那时，新沂并不叫新沂，而叫新安。后因与河南新安县重名，于1952年改名为新沂县，1990年2月撤县设市。何春台是灌云人，从1949年8月便在这里任县委书记，一直到1953年3月。

谈起何春台在新沂任职时的这段历史，时云泽主任表示，不能不提“导沂整沭”工程。当时，新安（今新沂）属于淮阴，位于淮、沂、沭、泗渚水下游，承泄豫、皖、鲁三省约21万平方公里面积的来水，素有“洪水走廊”之称。而纵贯新安县的沂河、沭河，年久失修，洪患严重。淮阴地委决定于1949年11月21日开始实施“导沂整沭”工程。为此，新安县专门成立了施工总队，何春台任总队长兼政委。

时云泽感叹道：“‘导沂整沭’是一个地区性的大工程，国家当时投资4652.7万元，参加施工的有沭阳、宿迁、泗阳、睢宁、邳睢、新安、灌云、淮阴、涟水、淮宝10个县的22.8万农民工。可以说，它凝聚了无数劳动人民的智慧和心血。正是因为这项工程，我们这些后来人才得以免遭洪涝侵袭！也正是这一工程，让新沂人永远记住了何春台书记！”

时云泽给我们拿出了一本很旧的《新沂年鉴》，书上有很多老照片，记录了当时开挖新沂河时的画面。

随后，党史办副主任张清斌又给我们带来一个好消息：1952年7月任新安县委副书记、与何春台共事过的老干部鲍有成如今还健在！张清斌急忙通过电话与老人的儿子取得联系。遗憾的是，老人的儿子表示，由于父亲已是92岁高龄，耳聋眼花，身体又不太好，不方便接受采访。这让我们多少有点儿失落。

没有私心杂念的革命者

结束了在新沂的采访，第二天一早，我们便驱车直抵何春台的老家灌云县，期望通过当地的党史办获得更多关于他的信息。追踪心切，我们到达灌云县城时还不到7点。没到上班时间，我们就在车内等。此前，为追寻灌云县新中国第一任县委书记杨肇庭，我们已经来过一次灌云。

8点刚过，记者拨通了灌云县新闻中心主任葛志亮的电话。他特派了新闻中心主任助理吴淑杰协助我们采访。8点半左右，我们找到了灌云党史办夏玲主任。她非常热情，四处帮忙联络，并最终打听到了何春台老家的地址——灌云县界圩乡孙小港村何老庄。

在吴淑杰的指引下，我们到了孙小港村何老庄。打听村民后我们得知一个重要“线索”，一个名叫何乃东的人是何春台的侄孙。但找到何乃东后，他告诉我们自己只是何春台的远方亲戚，何春台本不是这里人，而是沂北乡何庄五组人。何乃东建议我们去邻村找一个名叫何化明的老人，他是何春台的亲侄子，可能对何春台了解更多。

由何乃东带路，车子在崎岖不平的小路上颠簸了将近1个小时才到何化明家。这是一位60多岁的老人。听说我们要采访，他显得有些小心翼翼，并再三询问我们有什么意图。吴淑杰用当地方言跟他反复解释后，老人才放下心来。

何化明说：“叔父为人很正派、正直，从事过教学工作、做过地下工作者。他不怕牺牲，敢于和敌人面对面拼杀。他干了一辈子革命工作，从没有私心杂念。当时家里穷，我特别希望能进城工作。心想，我是他的亲侄儿，应该能照顾一下吧？为了这个事，我上城里找过他好几次，希望他能开个后门，但他却没有给我开这个后门。”老人说着，脸上却满是自豪。

丰富的革命斗争经历

临走前，老人给我们提供了何春台儿子的联系电话。我们希望可以通过电话联系到何春台的儿子，可惜拨打了几次都无人接听。

可喜的是，灌南县年近七旬的退休老职工宋文成，在中华人民共和国60年华诞之际，创作的反映原东灌沭（现在的东海、灌南、灌云、沭阳、响水、涟水）地区抗日斗争、长达56万多字的纪实长篇历史小说《烽火东灌沭》中有一小段关于何春台的记载："他的个儿不高，丰润而白皙的面庞，圆溜溜胖乎乎。他的态度和谐，待人和气，对人毫无恶意。他为人耿直，性格豪爽，有相当的正义感。他很会说话，也喜欢与人啦呱，谈的虽是些家长里短的平常事，但他也能从中发现和认识许多道理。他说话时的声音很低，轻声慢语娓娓道来。当他说话和生气时，往往会结巴。他倾向革命，反对倒退，而对那些反动腐朽的邪恶势力尤为痛恨，并不顾一切地与之斗争。他早年在东海师范读书时，就曾积极参加过闹学潮、罢课等斗争，在任杨集小学校长期间，也曾积极参与并领导驱赶区长周趾仁的斗争。'七七事变'后，与陈东明、周春如、马建中等积极投入抗日的洪流，组织动员会，宣传抗日救国道理，积极鼓动群众参加抗日斗争。"

虽然书中仅有上述一小段记载，但我们却从中看到了这位革命者的高大形象。

（本文作者系《中国县域经济报》记者张道平，实习生孙小文）

日晒夜露石为伴

江苏省句容县第一任县委书记——洪天诚

洪天诚

1921—1998年，江苏句容人。1939年9月加入中国共产党，同年参加新四军青年工作队。1945年6月任镇句县委书记。1946年10月，任镇句工委副书记。1947年，镇句工委改为茅山工委，洪天诚任茅山工委副书记。1949年4月句容解放后，洪天诚被任命为句容县第一任县委书记、县长，1951年9月调任上海全国总工会劳动保护部副部长。1958—1965年，任二机部（即第二机械工业部，1982年改名为核工业部）办公厅副主任，带薪、职到浙江作3年调查，之后留在浙江，先后任浙江农业大学、浙江美术学院、浙江中医学院党委书记。1993年离休，1998年病故。

（一）

车子出了南京，行驶40公里便进入了句容。坐拥道教圣地——茅山和佛教圣地——宝华山两个“4A”级风景旅游区，句容这个南京

“东南门户”山明水秀，一点也无愧于“南京新东郊、金陵御花园”之美誉。

我们此行所要追寻的对象是洪天诚，他曾于 1949 年 4 月至 1951 年 9 月担任句容县委书记。

为了解更多关于他的情况，在句容市委宣传部同志的带领下，我们来到了句容市史志办公室。说明来意后，史志办相关领导特意为我们请来了已经退休的原史志办主任朱延生。

据朱延生介绍，洪天诚是句容本地人，很早便加入了中国共产党，从 1945 年 6 月开始，在镇句县工作，曾任镇句县委书记。镇句县是现在镇句公路（镇江—句容）以北、宁句公路（南京—句容）以东的地区，如今已经不存在“镇句”这个行政区域。1949 年 4 月句容解放后，洪天诚被任命为句容县委书记、县长。对于洪天诚在镇句工作期间的情况，朱延生尽其所知，为我们做了介绍。

1949 年 4 月 20 日，国共和谈破裂，人民解放军随即发起了渡江战役。当时，南京、镇江一片混乱，国民党政府机关、军队、警察纷纷争相逃命。4 月 23 日下午 3 点多，人民解放军第三十四军先锋营就顺利进城了，几乎没有任何阻碍，句容解放。24 日，为控制解放后句容城的局势，洪天诚便服简从先行入城。第二天，新组建的句容县委、人民政府也进驻句容城内，洪天诚担任县委书记兼县长。新中国成立初期，接管句容的多为南下干部，主要来自山东。洪天诚作为本地人，开展工作具有一定的优势。在他的带领下，县委、县政府顺利地完成了对政府机关和所属机构、军警、厂矿、学校、医院等单位的接管，之后，洪天诚开始组织清剿土匪、镇压反革命，并积极帮助群众恢复生产生活。

为了更多地了解情况，我们想找到洪天诚的后代或亲属，但多方打听得知，洪天诚自 1951 年离开句容后，先后在上海、浙江工作，晚年一直生活在浙江直至病逝。没有线索，我们无法与他的家属取得联系。

然而，就在采访结束时，记者在翻阅《句容市军事志》《句容革命斗争史》时，惊喜地发现了一些解放战争时期关于洪天诚事迹的零星记载。尽管时间过去了很久，但我们依旧可以通过整理后的不多的文字感受到洪天诚这位老县委书记的风采。

（二）

1945年8月，国共和谈，签订“双十协定”。为了争取和平建国，避免内战，中央决定撤出苏南解放区。当时，洪天诚任镇句县委书记，镇句县委亦在北撤范围之列。但是，为保障南北交通安全畅通，掩护江南部队和党政机关，管辖镇句的苏中五地委布置镇句县北撤晚于茅山地区各县，因此直到10月下旬，苏南撤退结束，洪天诚刚收到北撤的通知，时间极其紧迫。

洪天诚立即召集县、区领导干部开会，布置北撤。然而，布置工作尚未完毕，国民党57师170团便已经占领镇句县中心区和交通要道，开始搜捕中共军政工作人员，形势十分险峻。更为严重的是，宝华、句容7区有一些应北撤人员还没有得到北撤的通知。洪天诚立即派人与他们联系，让他们分散经上海北撤至兴化。洪天诚则迅速带领干部和武装部队先撤往丹北，然后再北撤。

1946年10月，华中分局成立华中地委，下属镇江、句容等4个工委，洪天诚任镇句工委副书记。时全面内战开始，国民党反动派大举进攻解放区，地委决定渡江南下坚持斗争。

1947年1月，洪天诚率领一行80多人（内有30多名武装人员）到达镇江地区的句容境内开展活动。当时，国民党反动派气焰嚣张，洪天诚刚到四五天，南京、镇江、句容的敌人就开始搜索南下人员，内警总队、保安队和特务武装配合行动，洪天诚和南下人员活动非常困难。

一次，在华家边，洪天诚一行被敌军发现，双方发生激烈交火，打死7个敌人，新四军也牺牲1人。南下人员且战且退，最后撤至空青山里隐蔽。还有一次在白兔张果老庙里，洪天诚等遭到了内警总队追赶，他们见机行事，冒充敌便衣队，混在敌人之间，才得以脱离险境。

洪天诚一行南下人员每次住过的地方，走后都会有敌人派部队去搜查，住过的人家还遭到了敲诈勒索甚至家人长期遭监禁。

1947年5月是句容一带时局最紧张的时候，除了敌内警总队和特务武装外，还有叛徒凌康的“侦抚队”。

叛徒熟悉新四军活动规律，他们的反革命活动给洪天诚一行人的工作增添了新的困难和危险。考虑到不连累群众，洪天诚一行分成了三个小组。洪天诚带一个组在句容的2区、句7区、宝华山一带活动。他们转到高丽山、仑山、石山头、空青山等山里头，白天隐蔽在山上，夜里下山活动，用洪天诚的话来说，“昼夜一餐无保证，日晒夜露石为伴，衣服破了补再穿，疮虱趁机也捣乱。”

在这种艰苦环境下，洪天诚他们用买来的一台收音机收听延安广播，记录下来，并油印成“通讯”，署名茅山留守处，在西到汤山、南到磨盘范围内发放。有时，他们还会故意发到敌人驻地附近，把党中央毛主席的声音、解放战场的捷报，传遍茅山地区，鼓舞民众。

（本文作者系《中国县域经济报》记者张道平，实习生张春丽）

他是一座不朽的丰碑

江苏省启东县（现启东市）第一任县委书记——季新华

季新华

江苏崇明外沙新港镇（今启东市）人。1921年8月生。1941年加入中国共产党。1942年春，调任启二区组织委员，9月任中共启二区区委书记。1944年4月升任启西区委书记兼区大队政委。1946年3月调任启东县委宣传委员。10月，奉命重回启西，任启西区委书记兼区游击营教导员，至1948年2月，调任启东县宣传委员。1949年1月27日，启东全境解放，任县委书记。1953年1月调离启东，任南通地委委员、组织部副部长。次年5月，调离南通，先后任建材部大连玻璃厂副厂长、党委书记，建材部洛阳玻璃厂党委书记兼厂长。“文化大革命”期间遭批斗。1973年恢复工作，1975年继任洛玻厂党委书记。1984年离休。2001年5月病逝。

5月18日，记者接到了启东市委宣传部副部长、党史办主任顾永辉的电话。他表示，自己一直都在关注着《中国县域经济报》上“追寻新中国第一任县委书记”的系列报道，打电话的目的是想邀请记者前去追寻启东新中国第一任县委书记季新华。

顾永辉在电话中表示，季新华老书记在启东任职期间，与百姓同甘苦，为百姓谋利益，在启东百姓心中，就是一座不朽的历史丰碑。

领导人民救灾度荒

记者到达启东时，顾永辉已经同党史办副主任陆欣、启东党史办原主任陈思品取得联系。陈思品曾经在党史办工作过 17 个年头，被称为“活字典”，如今，虽然头发花白，但身板硬朗、精神矍铄。

陈思品回忆道：“1949 年 1 月 27 日，启东全境解放，季新华任县委书记。那一年的 4 月至 10 月，启东地区遭遇了 1928 年以来最大的台风、暴雨、洪潮袭击。4 月开始，阴雨连绵，排水不畅，大片农田积水成灾。7 月，强台风过境，暴雨倾袭，决堤 476 处，倒塌房屋 2500 多间。10 月初，再度阴雨不断。老百姓无奈地称作‘老兄弟三个一起来’。”

陈思品继续介绍说，“烂摊子”当前，季新华接任了县委书记一职。他上任后，确定了“发动群众，生产自救，社会互助为主，辅以必要的政府急救”的方针，团结和依靠广大人民群众，采取积极有效措施组织排水，补种晚秋作物。县委广泛地向灾民介绍度荒办法，如用粮食兑麸皮、豆饼、豆粞吃，孵长豆芽、做小豆腐吃等。这一系列举措对当时一度逃荒和个别自杀现象起了有效的遏制作用。为了防止连续出现灾害，逐步根除水患，县委、县政府通过以工代赈的办法，大力兴修水利。季新华亲临抗灾救灾第一线，领导全县人民生产自救，度过了解放后第一个灾年。

新中国成立后，季新华先后兼任启东县剿匪委员会政委、人武部政委，带领全县人民剿匪肃特、抗美援朝、结束土改、恢复经济。1950 年 2 月到 5 月，启东动员 2150 名青年参军，奔赴抗美援朝战争前线，为巩固新生的启东政权、恢复启东经济做出了重大贡献。

带领军民反顽斗争

作为现任的党史办副主任，陆欣对季新华的事迹也有所了解：除了抗洪救灾，不得不提“艰苦卓绝的反顽斗争”。1943 年，为适应反“清乡”斗争形势需要，海启县委（海门、启东县委）将 18 个小区并为 7 个大区，启二区、启三区、海四区三个区委合并成立启西区委（下辖原 3 个区政府），季新华任副书记，分管海四区。1944 年 4 月，季新华升任启西区委书记兼区大队政委。他带领区委一班人与日伪进行顽强的斗争，反编保甲、撕门户牌、烧竹篱笆、镇压汉奸。当时，启东日军特工队长死心塌地为日军效劳，对人民进行疯狂的烧杀抢掠。季新华联系县行动队，经 4 次行动，将其杀死在久隆镇据点内，极大地震慑了海启敌伪人员。

1945 年 4 月，季新华指挥区队和诗礼乡民兵配合东南警卫团一举攻下圩角镇。6 月到 8 月，启西区队连续发起袭击日伪军，取得泰安港袭击战、汇泰路战斗、二厂伏击战等一系列胜利。

1946 年 3 月，季新华调任启东县委宣传委员。10 月，国民党军大举进攻占领启东，斗争形势骤紧，季新华奉命重回启西，任启西区委书记兼区游击营教导员，至 1948 年 2 月，调任启东县宣传委员。在长达 15 个月的艰苦卓绝的反顽斗争中，季新华带领启西军民与国民党返乡团展开生死搏斗，主动出击，配合县警卫团两路夹击国民党启东保安大队两个中队和 1 个区自卫队，镇压“透气鬼”，在分区部队和县团主力支援下，进行了一年多的浴血奋战，由防守转为进攻。

生活朴素　作风严谨

对于这样一位历经艰苦斗争的革命者，战友们是如何评价他的？

陈思品告诉我们，想要了解这一情况，可以去找一位名叫陈慧的老人，她的丈夫陆平是季老的战友，已经去世了。

第二天一大早，陈思品就帮我们打听到了陈慧的联系方式。几经辗转，我们联系到了陈慧。碰巧老人不在家里，去乡下看望老战友了。但听说我们为追寻季新华而来，老人热情地让我们等她 1 个小时，立即动身从乡下返回。

由于道路改建，我们绕了大半天才到达陈慧家——明珠新村 88 号。见到陈慧老人时，她也刚刚到家。老人今年 84 岁了，但精神极好，热情地拿水果招待我们。她说："季新华和我爱人陆平曾同生死、共患难。我见过他几次，个子高高的、胖胖的，穿着很朴素，时常笑眯眯的，露出两个大门牙。他对人很随和。与妻子周品兰很恩爱。对同志坦诚相待，对党更是赤胆忠心。他最喜欢骑着旧自行车，自带铺盖，深入农村考察。"

陈慧老人的回忆虽然是零零碎碎的，但这些叙述拼凑在一起，启东县新中国第一任县委书记季新华的形象，却越来越完整，越来越高大。

（本文作者系《中国县域经济报》记者张道平，实习生孙小文）

同新中国一路走来

河南省信阳县（现信阳市平桥区）第一任县委书记——马任平

马任平

1917 年 3 月出生，河北省平乡县人。1938 年 2 月参加革命工作并入党。1949 年 4 月至 1951 年 6 月，任河南省信阳县（现信阳市平桥区）第一任县委书记。随后，任信阳地委委员、秘书长，河南省委书记处办公室副主任，河南省卫生厅厅长，开封地委书记，河南省委顾问委员会委员，河南省委理论工作领导小组副组长等。

在河南省委党史研究室查询新中国第一任县委书记相关资料时，李海民副处长为记者提供了线索：信阳县第一任县委书记叫马任平，曾为河南省委顾问委员会委员，2008 年还曾和省委主要领导参加社会活动，可通过他在省直机关工作的子女联系他，他仍然健在。

记者向马老介绍本报开展的“追寻新中国第一任县委书记”大型主题采访活动

健谈的马任平老人

5 月 11 日下午 3 点，记者如约来到马任平老人家，94 岁高龄的他正扶着手推椅在客厅内踱步。

“爷爷的生活特别规律，日复一日，年复一年，每天固定时间起床、就餐、读报、午休、锻炼。”照顾马任平老人的小保姆王芳芳说。

马老的卧室里大概十几平方米，一张单人床上铺盖整洁，一台 17 寸的电视机，还有一套 20 世纪 80 年代流行的、早已褪色的书桌和书柜，两把椅子。除了简朴还是简朴。书桌上是几份叠放整齐的报纸。保姆介绍，马老坚持每天读报半小时。

马老因脊椎受伤不能坐太久，却精神矍铄，谈兴甚浓。“过去，同我一起战斗、工作的同志大都已经不在人世了。”马老不无感慨。他说，如今已是中国共产党成立 90 周年了，过去的历史值得我们铭记啊！

马老的声音有些沙哑。“我的声带前几年开始有点松弛了，本来小手术可以治好，但还没来得及做手术呢，就不小心摔了一下，颈椎、腰椎都摔伤了，主要矛盾（声带松弛）变成次要矛盾了，呵呵……”马老乐观的性格依旧。

随军挺进大别山

我们跟随马老的思绪，解放战争时期的一幕幕历史画面呈现在我们眼前。

1947 年 10 月，马任平跟随第二批刘邓大军挺进大别山，任刘邓大军第十纵队三十旅八十八团政治处主任。

“那时候，我所在的部队正在攻打安阳，由于敌我力量悬殊，安阳一直攻打不下，我军便决定沿黄河南下，支援第一批刘邓大军。记得我们刚开始出发的时候是 10 月中旬。”说起当年挺进大别山的场景，马老至今仍记忆犹新，激动不已……

由于国民党的严密封锁，经过一个多月的跋涉，部队到了桐柏。12 月 13 日，桐柏区党、政、军领导机构在浆溪店成立后，桐柏第一地委随即在浆溪店杨家湾召开了地委第一次会议，组建了信（河南信阳县）应（湖北应山县）县，马任平任县委书记。16 日，县委书记马任平和桐柏一军分区八十八团团长李文忠率一个营的兵力，在信阳仙石畈，成立了第一区。当他们继续向前推进时，遭到国民党军的围攻。马任平、李文忠率部向大庙畈转移，在仙石畈又遭到国民党军一个旅的部队的袭击。经过激战，马任平、李文忠率部队突出包围，但却付出了很大的牺牲。

12 月下旬，在信阳境内的大山中，刘伯承、邓小平亲切接见了部队团以上干部，做了革命形势分析动员报告。马任平有幸参加了那次会议，他至今都能清晰地回忆起接见时的每一个细节。敌人的飞机在头顶盘旋，四周炮声轰鸣，刘伯承和邓小平就在一个瓜庵里做了一次临时报告。报告时间不长，刘、邓用精辟而富有感召力的报告分析了国际、国内形势，对当前战争工作进行了总体部署，极大地鼓舞了每一位与会者的信心。

“土改最重要的特点是依靠群众”

1949 年 4 月 1 日，信阳全境获得最后解放。而那时的马任平仍在大别山内与敌人打着游击战。随后马任平接到组织命令，留守信阳县任县委书记，建立革命根据地。“当时，我接到的命令是组织将九十团的一个营留给我了，新任的县委副书记、县长在贺家大店等我。”就这样，马任平带着一个警卫员、一个马夫，找了一个向导便去贺家大店赴任了。在贺家大店，马任平见到了信阳县委副书记阎庆身，县长孙敬之（音），一番彼此介绍之后，就算是成立了信阳县人民政权。

随后，信阳县县委、县政府先后进入市区，进行接收和恢复秩序等工作。“组织安排我们留下来，主要是建立人民政权、巩固革命根据地及继续开展武装斗争，彻底粉碎国民党的残余势力。”马任平回忆道。

信阳县历史上是个多匪地区，国民党南逃时，又残留下大量的散兵游勇、反动官吏、地主恶霸和隐藏起来的特务，有的与那些打家劫舍的土匪交织在一起，继续与人民为敌，成为政治性土匪。自信阳县解放后，马任平带领当地武装队伍在河南军区部队的配合下，大力开展了围剿土匪的人民战争。

作为县委书记，还有一项重要的工作就是发动群众，为贫下中农分土地以巩固政权。

“当时担任县委书记并没住在县城，我就住在淮河边上长台关的一个农村，跟老百姓同吃同住同劳动，成立贫雇农小组，进行土改。”马任平回忆道。土地改革主要是让雇农、贫农翻身，他们实行的是“扎根串连”、一带一的工作方法。当时有新人参加工作，马任平首先将他们安排在群众当中，加入土改工作队，然后从土改工作队中选拔干部。“过不了群众这一关你就当不了干部，土改是训练干部的基地。土改最重要的特点是依靠群众。”

马任平参与并主持了信阳县等地的土地改革全过程，写下不少经验总结性的文章，均被收录在了当时的“土改汇编”手册中。

“当不当干部没关系，自己认为对的就去做”

新中国成立了，人民逐渐过上了幸福的生活，而曾经为人民政权做出突出贡献的马任平却遭遇了人生的许多坎坷。

1953 年，马任平被党内叛徒“告发”，受到严肃调查，被撤销了党内外一切职务，职位降一级。“我当时虽然有点无奈，但仍然相信党，只有我的踏实行动才能得到组织的重新认可。”马任平并没有气馁，他相信党，仍然以积极的态度去完成工作。一年以后叛徒被枪毙了，由于马任平表现良好，处分也被撤销了。1955 年，马任平被诬陷的事实终于澄清，虽然职务恢复，但级别没有恢复。

还有一次大的遭遇就是“文化大革命”了。时任河南省卫生厅厅长的马任平被列为“反革命修正主义分子”“典型的走资派”等，挨批挨斗，打扫厕所，游街示众，不但被抄家还下放到武陟县劳动 3 年多。

“当时有点想不通，不理解。”马任平向记者表示道，但“文化大革命”结束，恢复了工作以后，他的工作积极性仍是一如既往。

改革开放初期，马任平任开封地委书记，领导开封兰考等县农民在全国较早开展家庭联产承包责任制。而当时，仍有不少人反对承包责任制，认为实行包产到户是搞资本主义复辟，是历史倒退，是方向、路线有问题。然而马任平却坚持实施，并写下了多篇关于农业生产联产承包责任制经验的总结性文章。后来，河南省原省委书记刘杰亲临看望马任平时曾说："你在开封推行责任制立了大功!"

虽然马任平的革命英勇事迹被列入了《开国将士风云录》，但采访从头至尾，他一再向记者强调："我的经历并不算什么，你们真正该去采访的是那些共产党员'双百人物'。"无论是革命时期还是社会主义建设时期，马任平始终坚守着自己的信念，"降级也好，撤职也罢，当不当干部没关系，最重要的是自己认为对的坚持去做就是了。"

信阳县县委旧址

（本文作者系《中国县域经济报》记者王仲斌）

孙子眼中的“抠门”爷爷

河南省光山县第一任县委书记——魏钦公

魏钦公

1921—2000年，山东单县人。1936年10月加入中国共产党。1938年首任中共单县城关区委书记，历任湖西区党委《团结日报》社总编、单县县委宣传部长、县委书记，先后任华山、华砀、光罗县、光山县县委书记、县支队政委。1950年，调至河南省委党校工作，历任教育科长、教导主任、党委书记、校长等职，兼职河南省党史委副主任、社科联副主席、哲学学会会长，被选为河南省委第三届候补委员、中共十三大代表、河南省政协副主席。主编有《马克思主义哲学读本》《领导科学纲要》等。

翻开《魏钦公回忆录——湖西抗争和坚持大别山斗争》，扉页上是一位老人倚船栏而立的照片，一套深蓝色中山装让他显得格外精神。他凝望远方，笑容温和。

魏钦公就是这本书的作者，也是新中国成立后光山县第一任县委书记。遗憾的是，2000年6月魏老溘然长逝，使得这本回忆录只停留在他1936年参加革命至1950年的战斗经历，短短14年，却是戎马倥偬，出生入死。

近日，我们有幸联系到了魏钦公的家人，他的夫人刘平也是老一辈革命者，如今已有83岁高龄，精神矍铄，身体硬朗，她颇有些激动地给我们回忆了魏老的一生。

“他在光山县当县委书记时，我在信阳地委工作。当时光山县的‘小保队’（编者注：指大别山区土匪、地痞、流氓及恶霸组织等的统称）势力特别猖獗，他们白天插枪转山头，晚上扛枪吓唬老百姓，我们党内的许多同志都遭受了他们的迫害，我们的部队主要是与当地的地主、恶霸组成的‘小保队’打游击战。”刘平老人向我们介绍了魏钦公在光山县的一些工作情况。

“他是一个严肃、安静、不慕名利的人。工作、生活严谨，从不多说一句话。每天晚饭之后就在书房看书。”老人指着塞得满当当的书柜说，你们看看柜子里的书，都是成套的，几乎每一套都会用掉他一个月的工资。

魏钦公出生在山东单县曹庄乡魏刘庄的一个佃户家庭里，他自小接受教育后，领悟了很多进步的思想。1936年加入中国共产党后，先后担任中共单县城关分区区委书记、单县县委《战斗报》总编辑、《团结日报》主编等，他运用报纸积极宣传党的抗日救国主张，号召民众组织起来，与日本侵略者进行坚决的斗争，对苏鲁豫区的抗日救亡运动，起到了很大的鼓舞作用。

1947年，中共中央决定把战略进攻的矛头首先指向敌人战略上最敏感而又最薄弱的地区——大别山，旨在占领大别山，切断国民党军津浦、平汉和陇海三条交通线，还能东慑南京、西逼武汉、钳制中原，直接威胁敌人长江防线以及长江以南广大地区的统治，迫使敌人的主力从山东、陕北回援，从根本上改变国共对战的格局。

“这就算离开湖西（编者注：旧地名，辖单县城关区）了吗？脚步度量着熟悉的村庄、熟悉的道路。对湖西，我有着无限的留恋，但到新地区去是工作的需要和党的决定，群众和党需要我做什么，我就做什么。”（魏钦公1947年7月12日记《离湖西》）。1947年，魏钦公随刘邓大军南下大别山。

1948年2月，魏钦公被任命为光山县县委书记兼县武装（称光罗支队）政委，在艰苦的环境中他积极工作，宣传发动群众，带领光罗支队在县境内开展武装斗争，狠狠打击敌人的武装力量，建立革命政权。同时，为巩固人民政权，他深入群众，大张旗鼓地宣传全国各地的胜利形势，激起了许多革命老区人民的抗战热情。

1950年6月，魏钦公被调到了河南省委党校，先后任党校教导主任、副校长兼党委书记，党校副校长、校长兼党委书记，是河南省委党校事业的开创者之一。他热衷于对政治、哲学、党的建设领导科学等方面的学习与研究，出版有《反对个人主义》《谈党的三大作风建设》等著作，主编出版有《马克思主义哲学读本》《哲学与社会实践》《光辉的哲学篇章》等。

“亦余心之所善兮，虽九死其犹未悔”。魏钦公经历了抗日战争的死里逃生，经历了解放战争的风餐露宿，经历了“文化大革命”身心迫害（1967年至1971年魏钦公曾被下放至罗山县农场劳动），但他对革命的坚定信念始终如一。

“记得爷爷退休的时候，我才刚刚十来岁，还在上小学。最深的记忆就是每次周末回爷爷家时，总能看见他坐在这张书桌前看书，或是在写他的回忆录、整理他的文集，一直保持着工作时的状态。偶尔会在周末的下午带我出去逛逛公园，但很少给我买东西。当时我不理解，因为别的小朋友都经常会收到爷爷奶奶送的礼物，而我却很少，心里觉得爷爷很抠门，现在知道了，那不是抠门，而是节俭。”魏钦公的孙子魏展这样回忆爷爷。

“执政以后党的地位和任务变了。过去打仗，在山头上，问题比较简单，现在管理全中国，问题就复杂多了。建设一个新世界比打碎一个旧世界艰巨得多。”（魏钦公，1985 年，《要做一个合格共产党员》)。在《魏钦公文集》里面，他阐述了很多自己独到的认识和见解，如《要做一个合格的共产党员》《领导干部要认真加强作风修养》《关于领导科学》等文章，都很值得当今为官在任者好好学习。还有一点我们不得不提的是，魏钦公在党校工作期间，做了许多的实地调查报告,《社会主义新农村的新篇章——农村调查随笔》《社会主义集体经济的光辉——刘庄调查》《关于小康建设的调查》等报告为河南省的农村改革发展起到了很大的推动作用。

（本文作者系《中国县域经济报》记者王仲斌)

那年，那月，淮河边的记忆

安徽省怀远县第一任县委书记——崔剑晓

崔剑晓

1917年生，河南南阳人。1933年加入中国共产主义青年团。1939年转入中国共产党。曾任中共淮泗县委民运部部长，宿怀县委组织部部长，中共怀远县委书记（1949.3—1950.6）。后历任马鞍山铁厂党委书记，中共铜陵市委第一书记，安徽省经委副主任、省冶金局局长，中共马鞍山市委第一书记兼马鞍山钢铁公司党委第一书记，中共安徽省顾委副主任。

崔剑晓接受本报记者采访

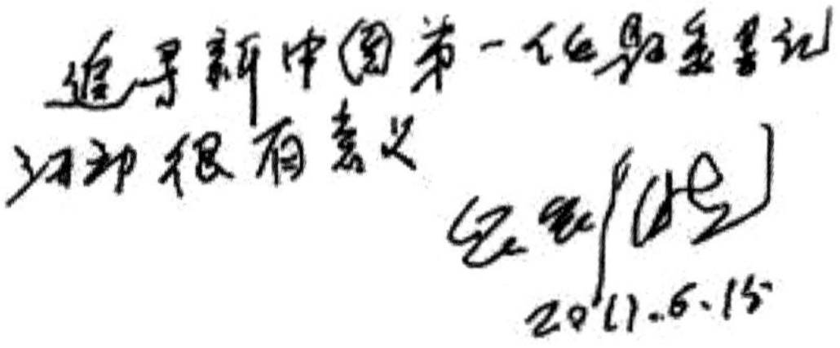

崔剑晓为本次活动题词

淮海战役从1948年11月6日发起，到1949年1月10日胜利结束。这场战役，中国人民解放军摧毁了国民党在长江以北的全部防线，赢得了具有伟大历史意义的胜利。怀远县（1949年2月与宿怀县合并，统称为怀远县）是淮海战役的主战场之一。在这场战役中，怀远人民在崔剑晓的带领下，作出了重大贡献。

英雄出怀远——怀远人回忆崔剑晓

6月14日下午，带着“追寻新中国第一任县委书记”的选题，记者来到安徽省怀远县委宣传部。宣传部外宣办主任徐元景得知我们的来意后，马上帮我们联系了县党史办原主任、县委办公室主任科员张怀文。张怀文介绍崔老：“1949年1月淮海战役结束后，怀远解放。当时崔剑晓任县委副书记，后宿怀县与怀远县合并，建立了怀远县委。3月，崔剑晓开始担任县委书记，虽然在怀远正式任县委书记只有一年的光景，但算上抗日战争和解放战争，崔剑晓在怀远度过了16个革命春秋。”

随后，在县委宣传部会议室里，张怀文将随身携带的《中国共产党怀远地方史第一卷》和《怀远革命斗争史选编（1919—1949）》两本书，赠予了我们。

张怀文介绍：解放前，崔老就已经在怀远工作。抗日战争时，怀远被日军占领。1944 年，彭雪枫将军带领部队西进，收复了怀远，建立了当时的共产党政权——宿怀县委和宿怀县政府，当时崔老任县委副书记。解放战争淮海战役时期，怀远县的主要任务是支前，同时崔剑晓还要带领县大队等武装力量与国民党的正规军进行战斗。1949 年 3 月，宿怀和怀远合并，组建新的怀远县委、县政府，崔老正式担任县委书记。新中国成立初期，崔剑晓通过一系列措施来肃清反动残余势力，巩固新生政权。“当时他加强武装力量建设，打击土匪恶霸；大力发展经济，恢复生产；恢复文教，兴办学校。1949 年 8 月底，崔书记还组织建立反匪反霸工程委员会，开展‘反匪反霸’运动，直到 1950 年 2 月结束后来崔书记调走了，在铜陵、马鞍山都工作过，最后还在安徽省里担任领导职务。”

“崔书记不仅在战场上指挥战斗，组织进行地下斗争，他在新中国成立初期采用的这些措施对于当时安定怀远大局、巩固党的新生政权更有意义。”一同参与座谈的宣传部副部长陈林总结道。记者根据张怀文提供的线索，联系到安徽省委办公厅联络室主任吕武义，很快得到回复：“崔老现在省委机关医院疗养。”得知这一消息，记者立即赶到合肥。

保护干部安全——郑振回忆崔剑晓

6 月 15 日早 8 点，记者来到怀远县档案局。档案局局长王超热情地接待了我们。大家非常认真仔细地查阅档案馆保存的史料，并查找到 1949 年 4 月至 12 月的县委工作报告。

同时，记者接到张怀文的电话，他说：“我仔细回想了一下，当时和老崔书记一同工作过的、现在仍健在的，有个叫郑振的老人，他可能会了解一些情况。”

郑振老人热情地接待了我们。郑老 1946 年入党，新中国成立初期，曾任怀远县城关区副区长，也就是那时，郑老与崔老有了工作上的“交集”。虽然郑老年事已高，但思维清晰。据老人回忆：怀远曾是淮海战役的主战场。当时崔剑晓任宿怀县委副书记，在淮海战役未发起前的日子里，他几乎天天带着几个同志到各区乡检查支前、后勤的准备工作，发现问题，就地解决，很快把宿怀解放区的人力、物力、财力汇集在一起，为全力以赴支援淮海战役做好准备。

1948 年 11 月 6 日，淮海战役开始。崔剑晓率领县大队奔驰于淮海战场，亲赴前线阵地搞军事侦察，配合华东、中原野战军打好南线的阻击战。当时崔剑晓率领两个连队在宿怀县北部进行军事侦察，在一次伏击战中成功阻击敌人，不到几小时就歼灭包括师长在内的全部敌人。

新中国成立后，崔剑晓担任县委书记。“他是那种细致认真，善于领导工作的人，对于当时怀远复杂的政治环境，他既能严厉地开展对残余反动势力的斗争，又能组织生产，同时对我们这些新政权下的干部提出了特别保护。”郑老说道。

据郑老回忆，在一次工作会上，崔剑晓对他说，“我们既要干好工作，又要不出问题。”这个“不出问题”就是指对当时党的干部的保护。崔剑晓要求各个领导干部要时刻保持警惕，注意安全。因为当时新政权建立初期，还不是很稳固，一些反动势力经常对党的干部实施威胁，甚至作出伤害人身安全的举动。加之在基层，新任命的干部多是年轻干部，经验不足，因此如何保护好干部是崔剑晓一直特别注意的。“环境复杂，当时崔书记领导我们进行的就是一场没有硝烟的战争啊。”

争夺思想阵地——崔剑晓深情讲述

正在休养的崔剑晓老书记在得知我们的报道活动后，表示非常愿意接受采访。在合肥市省委机关医院，我们见到了此行追寻的目标——怀远县第一任县委书记崔剑晓。

94 岁高龄的崔老，精气神十足，思维也比较清晰。见到我们后，崔老非常高兴，连连说："感谢你们还记着我们这些老同志。"

当崔老看到本报第 42 期"追寻新中国第一任县委书记"栏目对江苏省泗洪县新中国第一任县委书记朱光的报道时，老人说："朱光我认识，我们叫他'朱大个子'，也有人叫他'伟大的朱光'，因为他长得高高的，胖胖的。在淮海战役中我们曾经是战友，建国后，我们都在安徽省委工作过。不过前几年，老朱过世了。"

对朱光老人的追寻，曾由于线索中断未能完美结局。意外得到这一线索，曾承担对朱光老人追寻的本报江苏记者站站长张道平表示，要继续跟进。

崔老的回忆将我们带回了那段峥嵘岁月。

"我 1948 年参加淮海战役，战役结束后，1949 年 3 月上级派我到怀远任县委书记。我是怀远解放后的第一任县委书记，可以说组织重用我，当然我对自己的工作也很慎重。到怀远后，我没有马上开展工作，而是花了大约半个月的时间搞调查研究，详细了解怀远情况。当时怀远的斗争很复杂，可以说有两种情况：一种是县城被国外教会，也就是美国的基督教和英国的天主教所控制；另外一种就是农村被地主恶霸土匪所控制，农村情况比城市更严重。怀远县城内大部分人都是教徒，这些教徒由于在思想上长期受到国外教会思想的宣传，当时对党的新政权还不是很信任，不少人甚至有反党的念头。在农村，老百姓非常困苦，受压迫严重，不仅要饿肚子，连生命都没有保证，残余的那些土匪恶霸说杀人就杀人。"

在这种情况下，崔老表示当时的县委班子采取了许多措施来扭转不利局面，以维护党的新生政权的稳固。"当时我们所做的一些具体工作包括反匪反霸、恢复文教、防汛筑堤等等。"巩固政权方面，当时以崔老为首的县委组织了 400 多人的怀远县大队，进行“反匪反霸”运动。据说当时怀远有三四个恶霸头子，崔老带领县大队对他们采取武装镇压，不仅打击了这些反动势力，还收缴了他们的武器。

“那时候淮河水泛滥，我们防汛筑堤，在大坝上有时候一住就是一个月。”崔老回忆道。当问到崔老为何能在新中国成立初期，人民生命、生活都不能保障安全的情况下，怀远却能大力兴办教育时，崔老说：“因为那时怀远的学校都是外国教会办的，我们自己的学校很少，所以我一上任就跟文教部长说教育要抓住，要发展我们自己的学校，这样做一是普及教育，让老百姓学文化，而更重要的是让老百姓摆脱国外反动势力的思想上的控制，真正从思想上接受党，加深对党的认识……”

访谈结束时，崔老欣喜地为本报题词：“追寻新中国第一任县委书记活动很有意义”。

（本文作者系《中国县域经济报》记者郭宇廷、吴昊）

思想永远不退休

新疆维吾尔自治区阜康县（现阜康市）第一任县委书记——王邦玉

王邦玉

四川万源县人，1920年2月生，1933年9月参加工农红军，1938年加入中国共产党，1950年2月任新疆维吾尔自治区阜康县委书记，1956年4月任奇台县委书记，1965年7月任博尔塔拉蒙古自治州副州长、州党委常委，1979年4月担任新疆维吾尔自治区气象局党组书记，1983年任自治区顾问委员会委员，1987年12月离休。

《阜康地方志》显示，阜康县新中国第一任县委书记是王邦玉。通过网络信息我们得知，王老可能是从新疆维吾尔自治区气象局书记的岗位上离休。联系自治区气象局离退休干部办公室，我们得到一个惊喜：91岁的王邦玉书记仍健在！离退休干部办公室主任谢林给了我们王老的电话。

拨通电话，王邦玉老书记的老伴向阿姨很是热情，她帮我们约定了见面时间。

如约来到王老家，听到脚步声，王老和向阿姨已经开门等我们了。家里只有王老和向阿姨，茶几上摆着瓜子和糖，房间里家具不多，电视是老款的。沙发的一侧是书架，书籍、报纸摆放得很整齐，客厅的阳台处摆满了绿色植物。王老个子不高、很瘦，双耳戴着助听器（耳朵抗日战争时被日本投下的炸弹震坏了）；但精神很好，而且思维活跃。他的讲述把我们带到了那个硝烟弥漫、战火纷飞的年代。

王邦玉与老伴向文秀

“县太爷”的婚礼，让人认识了共产党

1949 年 9 月，新疆和平解放。王老随王震将军的部队进驻新疆。1950 年 2 月，他被任命为阜康县新中国第一任县委书记。

说到这儿，记者想起阜康地方志里《县委书记的婚礼》那篇文章，便问正忙着为我们倒茶水的向阿姨：“您跟王老是怎么认识的，是自由恋爱吗？”向阿姨笑着说：“那个年代都那么忙，哪有自由恋爱呀，我们能走到一起，就跟电视剧《亮剑》里演的一样，都是组织安排的呀！”王老很幽默地说：“那你也没嫁错人啊！”

说着老两口似乎都沉浸在那个简单而幸福的婚礼中。王老说：“我和文秀结婚那可是阜康县人民政府成立后的第一位县委书记的婚礼。当时，人民政府成立不久，老百姓对共产党并不十分了解，他们见惯了国民党的县太爷平日里的威风气势，都想见识一下我这个共产党的‘县太爷’在结婚这一人生重大事情上的宏大排场。但是等啊，盼啊！既不见我们发请帖，也不见张罗置办，都十分纳闷，这更增加了人们的好奇心理。其实，那时的我工作非常忙，人民政权刚刚建立，有大量的工作要做，根本没时间顾及自己的婚事。”

王老说：“为了不耽误工作，我们抽了个休息日把婚事办了。我记得当时我穿着洗得有点发白的旧军装，带着几个机关干部去娶亲了，当天文秀穿得也很普通，我和文秀并肩走在街上，机关的干部阿雄挎着个旧式手风琴，欢天喜地地奏着欢快的曲子。人们望着这从未见过的迎亲方式，猛然醒悟过来，不一样，真的不一样了，共产党的县委书记再也不是当官做老爷的‘县太爷’了。我们的新房就设在我办公室的套间里，除了几张办公室的桌凳和一张旧木板床外，没有添置任何新家具。对前来祝贺的人们，我们用茶水、喜糖相待。这欢乐、简朴的婚礼使人们对共产党和共产党的干部有了新的认识。”

在阜康工作期间，王老他们顺利完成了建党、建政以及土地改革、三反五反、农业合作化和维护社会稳定、巩固祖国边防等各项重大任务。

本报记者采访王邦玉

过草地险丢命，至今怀念救命恩人

1920 年，王邦玉出生在四川省万源县茶阳坡一个贫农家里，当时家里四口人，和广大劳苦大众一样，受地主、土豪、军阀的剥削压迫，过着牛马不如的生活。

1933 年 9 月，徐向前同志率领的一支工农红军解放了他的家乡。当时只有 13 岁的他，也同农村其他的青年一样，踊跃报名参加了工农红军，并分配在三十一军九十一师二七一团当战士，他是全团年龄最小的一个。

“1934—1935 年长征中，三次过草地。我遇到最困难、最危险的是 1935 年那次。”王老说，过草地中断了粮，连野菜、草根都吃光了。当时又饿又累，加上脚上长了个疮，感染后不停地流脓血，还发高烧，昏倒过几次，慢慢地掉了队。幸运的是，后面的收容队赶上来救了他。

九十一师政治部的一位指导员，把他仅有的一块馍馍给了王老，并搀扶着他一起走出了草地。“如果没有那位指导员援助的双手和那块救了我命的馍馍，也许我早就不在人世了。那位好心救我命的指导员叫什么名字，我至今都不知道。回头想想，当时 15 岁的我，也太粗心了，连救命恩人的名字都记不得。”

就在1935年川西南解放雅安的战斗中，王老虽然负了伤，但硬是忍着伤痛英勇拼杀，还抓了3个俘虏，缴获了3支步枪和300多发子弹。1938年由团政治处刘绪光同志介绍，王邦玉加入了中国共产党，还被任命为独立三十三团特务连副指导员，接着在太行山抗大六分校学习1年。

活到老，学到老，先进性保持到老

1983年，王邦玉退居二线，到自治区顾问委员会当委员，1987年离休。离休后的王老始终没有忘记自己是一名共产党员，他处处严格要求自己，时时刻刻发挥着一名共产党员的先锋模范作用。

谢林说，多年来王老一直积极参加党组织的各项活动，在先进性教育和科学发展观学习活动中，他认真学习，带头发言；在纪念红军长征胜利70周年、抗日战争胜利60周年和建军80周年的座谈会上，他事先都准备了发言稿，声音洪亮、铿锵有力地第一个发言，充分体现了一名老党员讲学习、讲政治、讲正气的高风亮节，多次被新疆气象局机关党委评为优秀党员。

王老时刻心系人民群众，关注社会公益活动。2008年5月12日四川汶川发生特大地震后，他在第一时间就赶到机关老干部服务中心，当场捐款1000元。在他的爱心行动带领下，其他老同志也纷纷捐款救助灾区。王老离休后订阅了六种报纸，看书读报、收看电视新闻是他每天的必修课。他常说，“要活到老，学到老，与时俱进，思想常新”。

谢林说，王老有一个让邻里羡慕的幸福家庭。他认为家庭和睦、子孙成才，就是为社会进步、国家发展作贡献。因此，他鼓励孩子到基层工作，帮助子女教育第三代。在他的教诲下，孩子都在各自岗位上做出了应有的贡献。他慈祥、朴实、平易近人，与邻里、同事之间相处和睦，每天清晨人们总能看到他提着篮子去菜市场，大家都亲切地称他为“红军老寿星”。

王邦玉从长征一路走到现在，也把长征精神弘扬到现在，在他身上所体现出的优良品德和奋斗进取精神激励着我们每一个后来者。

（本文作者系《中国县域经济报》记者查燕荣）

从延安到闽南

福建省华安县第一任县委书记——平浪

平浪

1918—1991 年，四川省大竹县人。早年积极参加抗日救亡活动。1938 年 1 月赴延安参加革命，3 月进延安抗大学习，同年 6 月加入中国共产党。1940 年任太行区青委会各救总会干训班政治指导员、党支部书记，沙河县救联会主席、合作社社长等职。1949 年随军南下，入闽后，历任龙溪专署教育科长，华安县委书记兼县长，漳州农校校长兼漳州市中学党支部书记，福建省委党校党委委员、高干自修班副主任、哲学教研室主任。1963 年后，历任厦门市委常委、宣传部长，龙溪地委党校校长兼书记，地直机关党委会书记，地区科委主任，地委常委兼专署顾问。1983 年 10 月离休。1991 年获全国关心下一代工作先进个人称号。1991 年 10 月 28 日在漳州逝世。

1938 年，一位青年只身从四川千里跋涉奔赴延安参加革命。1991 年，这位为党为人民鞠躬尽瘁的离休老干部，在病危时对前来看望他的同志说：“我记得 19 岁入党时的宣誓，我没有食言。”他，离休后还热心参与关心下一代工作，成为全国先进个人，逝世后又留下遗嘱，成为福建省漳州市第一个自愿捐献遗体的干部。他，就是福建省华安县第一位共产党组织领导人、首任县委书记、原中共龙溪地委常委、龙溪行署顾问平浪同志。

为了了解平浪的生平事迹，追寻他的光辉历程，记者近日从福建省会城市福州驱车4个多小时，赶到了闽南金三角之一的漳州市。

三千里投奔延安

记者找到漳州市委党史研究室副主任曾一石。知道我们的来意，曾一石十分热心，马上交代档案科人员找出1999年3月漳州市委党史研究室编辑出版的《历史足迹》以及随后出版的《中共闽南地方史》等书籍资料，供我们参考。

曾一石说："你们要了解平浪有关情况，我介绍一个人跟你们对接，我们研究室的科长陈坤山，他十多年前写过一篇关于平浪的稿件，对平浪的事迹比较了解。"由于都在同一层楼，曾一石直接喊来了陈坤山。

陈坤山告诉记者，平浪是四川省大竹县人，1937年在重庆川东联立师范学校就学时，由于参加抗日救国活动，偷偷阅读《社会主义入门》《大众哲学》等进步书籍，初步接受爱国主义和共产主义思想，在身为地下工作者老师的指点下，于1938年年初，背着沉重的行囊，跋山涉水，历时近百天，行程3000里，投奔革命圣地延安。

在陕北，平浪先在冯文彬、胡乔木同志主办的安吴青训班学习，后经引荐，得到刘少奇同志的书面介绍，进了延安抗日军政大学，编入胡耀邦同志任政治委员的一大队学习。1938年5月还聆听了毛主席的报告。由于勤奋学习，埋头苦干，他于1938年6月16日光荣加入中国共产党，毕业后留校任区队长等职，在抗大工作了3年多。

全国胜利在即，需要大批地方干部随军南下，到新解放区工作。

平浪同志（中）在参加劳动

当时，平浪在河南辉县联社任社长，他坚决响应随军南下的号召，积极报名，得到批准。经过短期的集训和编组，1949 年 4 月底，这批对外称为解放军长江支队的南下干部，跟随解放大军，以势如破竹之势向南挺进，过黄河、渡长江、经沪杭，6 月上旬进入了福建境地。

在查阅和对话的过程中，这位华安县新中国第一任县委书记的形象渐渐清晰起来，仿佛他就坐在我们的面前，回忆那激情燃烧的岁月，正与我们侃侃而谈。

两年半剿匪华安

平浪作为中国共产党组织在华安的第一位领导人，在解放华安、肃清匪患、完成土地改革任务、建立和巩固华安人民政权等方面，艰辛地工作了两年多。他在华安解放初期的业绩，至今仍在华安人民中传颂。

陈坤山说，1949 年 9 月 19 日漳州解放。25 日，南下干部和地下党干部召开会师大会，会上宣布成立了中共龙溪地委会、龙溪专员公署、龙溪军分区和漳州地区军管会，平浪被任命为专署文教科长。10月初，地委书记李伟找平浪谈话，宣布地委的决定，任命他为中共华安县工委书记兼华安县人民政府县长，并且告诉他，华安国民党当局已派人到军管会请求和平接管，组织上已经确定实行和平解放，但也作武装解放的准备。

之后，平浪与地委组织研究了华安干部配备，同军分区研究了兵力部署，紧接着进行了干部训练工作。

在接管过程中，由于以黄雨定为首的“华安民众自卫总团”反动地方武装拒绝缴械，上山为匪，于是，在平浪等县工委领导下，全县军民展开了一场保卫和巩固华安人民政权的剿匪斗争。在新圩战斗中，平浪带领十多名县大队队员，在新圩一旧楼机智地击退黄雨定纠集的5股二三百名匪徒的包围，他的棉衣被打穿一个洞，胸前的钢笔也被打断，幸未负伤。新圩一战，福建省政府的《政报》和《漳州日报》载文详细介绍，平浪受省政府主席张鼎丞和龙溪地委通报表扬和嘉奖。从1949年12月至1951年6月的两年半时间，全县击毙和处决匪首、惯匪、地霸394名，处予管制和监督劳动467名，劳改110名，判刑9名，荡涤了华安历史上遗留的污泥浊水，从此洗刷了“匪区”的印记。

1951年6月，中共华安县委庄严宣布全县剿匪胜利结束，并且接着开展土地改革运动。县委决定成立县土改委员会，平浪担任主任。由于匪患彻底肃清，社会空前安定，人民群众对共产党和人民政府由衷地感激和敬佩，时势所趋，人心所向，因此，土地改革运动如火如荼，迅猛异常，进展顺利，前后不到3个月的时间胜利地完成了土地改革这一伟大的历史任务，为之后在全县建立发展党的基层组织打下了良好的基础。

上百场报告激励后人

当天下午4点，在漳州市委党史办的帮忙下，记者联络到在漳州电视台工作的平浪的儿子平龙。平龙回忆说，父亲对下一代倾注了无限的爱，经常到各县做革命传统教育报告，但他在对待自己子女方面，却是严格要求。父亲在华安工作期间，他们还小，有一天晚上，自己和姐姐很想到电影院看电影，由于没票，眼看着很多人进场了，平龙急得哇哇大哭，查票的人就好奇地问，你为什么哭呀？你的爸爸是谁啊？平龙说我爸叫平浪。哦，是书记的小孩，进去吧。看完电影的姐弟俩高兴地回到了家，并把事情经过告诉父亲，没想到，姐弟俩被平时眼里看起来慈祥的父亲狠狠批评了一顿。

为了更多了解平浪书记的有关情况，在平龙的带领下，记者一行拜访了平龙的母亲、平浪的妻子黄金凤女士。黄老今年已经80岁高龄，但精神矍铄，思维敏捷。从她的介绍中，我们了解到平浪离休后依然精彩的故事，也深深被他的人格魅力所折服。

黄金凤介绍说，1989年，71岁的平浪离休后，还是闲不下来，担任了漳州市关心下一代协会主席，关协的工作成了平浪生命的组成部分。有人做过统计，到他住院前，已经抱病到各县、乡镇做了上百场的革命传统教育报告，直到实在撑不住为止。

黄老深情地回忆说，平浪是闲不住的人。1990年9月，他因患胸腔甲状腺肿瘤等多种严重疾病住院治疗，住院后仍念念不忘关协的工作，牵挂着青少年。等到病情好转了一些，他又抓紧时间动手整理第二部分的回忆录。1990年初，厦门大学出版社出版了他的第一部分回忆录《从延安到闽南》，他希望能给青少年再留下一些革命传统的教材，所以抓紧写第二部分的回忆录。他每天都在病房里边吸氧气边改稿，一丝不苟，相当用心。

最后的声音：中国共产党万岁！
遗体捐献科研

曾一石副主任说，病重期间，平浪多次向组织和家属子女表达过要将遗体献给医院搞科研的心愿。1991 年 10 月 25 日，平浪叫人拿来笔和纸，用颤抖的手写下遗嘱："我的甲状腺瘤已 50 年，好几个医生都说是个奇迹，很有科研价值，我是共产党员，要全心为人民服务，我死了把遗体献给市医院科研。平浪 1991 年 10 月 25 日。"他的爱人黄金凤在遗书上签下了自己同意的意见。平浪，成为漳州市第一个自愿捐献遗体的干部。

26 日，平浪转到了重病室，心、肺、肾开始全面衰竭。下午，漳州市五套班子领导来看望他，平浪说："感谢医院全力治疗我的病。"他又郑重地交代要从简办理后事。晚上，市委组织部领导来看望，他紧紧拉住领导同志的手，眷恋地说："我就要离开你们了。"他歇了一口气，发出最后的声音："中国共产党万岁！中国共产党万岁！"一个共产党员从心里迸发出来的心声，在场的人无不为之动容，热泪盈眶。

10 月 28 日上午，平浪同志与世长辞，走完了 73 年的峥嵘岁月。干休所一位老干部为他写了一首悼诗："……您和人们永别了，留下很好的影响，马克思在天之灵会称赞：您终生为共产党奋斗，是共产党人的榜样……"

结束采访即将告别之时，平龙给记者补充了一件事：2000 年，漳州市民政部门倡议海葬活动，平浪的家属获悉后率先响应，办理了登记手续。当年 6 月 24 日，漳州市在厦门举行了首次"回归大自然"骨灰撒海活动，包括平浪在内的 41 名死者的骨灰由其亲属缓缓撒向厦门鼓浪屿附近的外海区。大海，成了平浪的最终安息之地。

（本文作者系《中国县域经济报》记者黄长秋、朱亚圣）

要大伙都叫他“郑同志”

福建省云霄县第一任县委书记——郑国栋

郑国栋

1913 年 7 月出生于河南省鄢陵县，在学生时代就积极参加“一二·九”学生运动，1937 年 8 月到延安参加陕北公学学习，1938 年 1 月加入中国共产党。1949 年初，郑国栋随军南下，1949 年 9 月任云霄县委书记。后历任龙溪地委秘书长，漳州糖厂党委书记，龙溪地区中级法院院长，地委宣传部长，革委会常委，文教办副主任，行署顾问，地委常委。1983 年 3 月离休。2006 年逝世。

有这样一位前辈，对工作极其认真负责，对待同事朋友平易近人；他在职时在多个岗位做出了一定的贡献，离休后依然发挥余热，参与到地方党史的征集研究中来；他不爱别人称呼官衔，而是要大伙儿叫他“郑同志”，这样听起来更加亲切。他就是祖籍河南鄢陵，于 1949 年 10 月至 1952 年 8 月在福建云霄县担任新中国成立后第一任县委书记的郑国栋同志。

云霄和平解放

漳州市委党史研究室副主任曾一石是位老党史工作者了，听到我们要了解郑国栋的生平事迹，他说："你们放心，只要我们手头有的资料，一定都提供给你们。另外，你们最好抽空去采访一下郑国栋的女儿郑红闽，还有漳州市委党史研究室原主任陈方，陈方曾经和郑国栋共事过一段时间，情况多少会了解一些。"

从漳州市委党史研究室提供的资料，我们可以清晰地看到，1949年10月2日正式宣布成立中国共产党云霄县工作委员会，郑国栋为书记，接替原中共云和诏县委在云霄的领导工作，县工委领导人由上级任命，实行全委制，隶属福建省第六地委，1949年11月至1950年9月隶属漳州地委，1950年9月隶属龙溪地委。1954年7月起，全委制改为常委制。

1949年8月17日，福建福州解放后，解放军一路南下，势如破竹。9月初，龙岩解放；9月19日，漳州解放；9月20日前后，平和、南靖也相继和平解放。云霄是和平解放还是武力攻打？这是摆在云和诏县委面前的重大问题。

当时，云霄的反动势力，除了反动政权、县自卫团和警察局以外，还驻有省保安一团胡季宽的部队。我党立即加紧做好重点人物的统战工作。第一个对象便是县参议员、农会理事长许桂芳以及县警察局局长张启圣。许桂芳多年来倾向我们党，此时已是主和派，我党地下工作组把问题摊开以后，他便答应暗中起义，愿去做张启圣和县自卫团副团长吴荣贵的工作。

汤精义是云霄籍在外地的一位国民党高官，与许桂芳有亲戚关系。工作组通过许桂芳利用汤精义回家乡探亲的机会，多次做他的工作。汤精义表示愿以家乡父老为重，愿意无条件归顺共产党。有了这个有利关系，工作组便依照县委的意见，通过许桂芳和汤精义去做国民党县长汤涛和其他上层人物的工作。

1949 年 9 月 14 日，张大目等人带着汤维奇等干部下山到世坂，与许桂芳、警察局局长张启圣、自卫团副团长吴荣贵等谈判和平解放云霄的有关问题。9 月 28 日，吴扬电令汤维奇于 9 月 29 日上午到世坂会见三十一军前哨部队参谋李森。中午，地下工作组派张荣三、张继川随同李森到莆中村同刚到任的云霄县第一任县委书记郑国栋、县长石瑞汇报云霄和平解放的前后情况。

1949 年 10 月 1 日，南下大军第三十一军侦察营、第八支队十九团和长江支队第五大队第一中队的南下干部在郑国栋、石瑞的带领下进入云霄县城，云霄和平解放了。

团结就是力量

曾一石介绍说，自己通过调查走访、查阅资料发现，在当时特定的历史时期，郑国栋在干部工作中比较注意处理好南下干部同当地干部、知识分子干部同工农干部之间的关系，注意防止和克服干部工作中“左”的情绪。在南下干部与当地干部关系方面，郑国栋比较注意引导南下干部重视团结，尊重从游击队来的同志和地方干部，充分发挥他们的作用，提高他们的工作水平，调动工作积极性。比如，在县委领导班子中，郑国栋非常注意尊重张大目同志。张大目虽然文化水平不高，但对党忠诚，经受了长期革命斗争的考验，熟悉地方情况，和群众关系密切，在群众中有一定的威望，因此在研究组建县委领导班子时，郑国栋特地向地委推荐其为领导成员。由于互相尊重、互相支持，县委一班人团结战斗，关系融洽。县区从各方面来的干部，也都能互相关心、互相尊重、互相学习、互相支持，各方面工作开展顺利。

郑国栋是个细心的人。在日常工作中，他还特别意识到，云霄是和平解放的，所以在工作中坚持以党员为主体，发挥党的核心领导作用，同时注意团结各方面的爱国民主人士和有进步倾向的地方上层人物及老知识分子。他认为，对这些同志团结使用得好，不但能更广泛地团结各阶层人民，稳定人心、稳定社会，而且可以发挥他们在文化科技知识及业务上的专长，在工商、文教、卫生和工农业生产等方面发挥作用，更好地为人民服务。郑国栋按照党的“团结、教育、改造”的政策，耐心认真做好他们的工作，使这部分人在新中国做出了新的贡献。

郑国栋女儿郑红闽在接受本报记者采访

真正公私分明

郑国栋的女婿董中州，今年 63 岁，祖籍四川，1969 年在福建长泰县上山下乡，1971 年到兵工厂工作，1982 年回到漳州。父亲跟岳父都是革命同志。谈到岳父郑国栋，老董说：“岳父给我印象最深的是对子女要求很严格，从不为子女的事找人，自己生活也节俭。”说话间，从房间里走出一位着装朴素、面带微笑的阿姨，她走过来向我们打招呼，老董介绍说，这就是爱人郑红闽。

说起父亲，郑红闽眼圈红了，她对记者深情地回忆起自己的父亲：“父亲工作非常认真，一忙起来往往顾不上家，也很少回家。对子女要求非常严格，公私分明。当时单位配一辆自行车给他用，有时儿女们想借用一下都不肯，还被严厉批评道：这是公家单位配给我工作用的，你们怎么可以用。”儿女们在郑国栋的言传身教下，都以父亲为楷模，在自己的岗位上默默而努力地工作。郑红闽说：“我们兄弟姐妹6个，工作都是自己找的，父亲从不出面找人帮我们安排工作，我弟弟郑重阳从部队回到地方，单位也是自己找的。”

郑红闽缓缓地说：“父亲离休后，经常有很多原来的同事及农民朋友来看望他，他经常帮助困难群众解决问题，还把自己的工资和口粮资助困难群众。到现在，父亲都去世这么多年了，原来生前的朋友还经常来看望我们。”

告别郑红闽时，她站在楼梯口与我们道别，还一再交代说，如果报纸出来了，一定多拿几份给她，她要珍藏起来，还要拿给其他几个兄弟姐妹看。

漳州市委党史研究室原主任陈方说，郑国栋离休后，积极参与漳州市党史征集委员会、漳州市党史征集顾问组工作，自己带头撰写文章，帮助老同志整理回忆录。在编辑《青山不老》这本书时，里面的一篇文章是由陈方采写的，陈方写好后拿给郑国栋看，郑国栋从头到尾看了四遍，每次都有修改。最后一次审阅时，恰逢郑国栋要到医院检查身体，那时他的视力已经很差了，还忍着病痛坚持看完材料才去医院。他就是这样，从文章标题到史实回忆，都力求完美。

“总而言之，郑国栋人很好，特别平易近人，大事讲原则，小事讲灵活，是位好党员，好县委书记。”陈方说，郑国栋不喜欢别人叫他官衔，而是要大伙叫他“郑同志”，不管他在哪个岗位，这一称呼陪伴了他60多年。

（本文作者系《中国县域经济报》记者黄长秋、朱亚圣）

将巩固新生政权放在第一位

广西靖西县第一任县委书记——蓝亦农

蓝亦农

1919—2008年，祖籍湖南茶陵，亦名兰亦农。1938年参军，同年加入中国共产党，抗日战争时期，历任学员、干事、宣传队长，连指导员、营教导员，朱德警卫二团党总支书记、团政治处副主任等职，参加了“反扫荡”、百团大战和豫西、豫北等战役战斗。解放战争时期，历任旅组织科科长，团政治处主任，团副政委、政委等职，参加和指挥了锦州、辽西、天津、衡宝等战役战斗。

新中国成立后，历任中国人民解放军师政治部副主任、主任；军政治部主任、军副政委、政委；重庆市革命委员会主任；云南省军区政委；昆明军区副政委兼贵州省军区第一政委以及中共广西靖西县委书记、贵州省委第一书记，省革命委员会主任，省军区第一政委，昆明军区副政委，顾问等职，参加了西南剿匪、抗美援朝，1955年被授予大校军衔。2008年2月14日在北京逝世，享年89岁。

4月19日，记者来到广西靖西县，追寻新中国成立后该县第一任县委书记。县委宣传部副部长杨悠浮对本报“追寻新中国第一任县委书记”大型主题采访活动相当重视，当晚就将县党史办主任李昌明请来商议采访事宜。

20 日上午，记者来到县党史办。李昌明告诉记者，关于蓝书记的资料，党史办能查到的只有几句话：靖西县新中国第一任县委书记叫蓝亦农，亦名兰亦农，广西上林人，祖籍湖南茶陵人。1950 年 2 月至 4 月，任一三四师团政委兼靖西县委书记，任期只有两个月。

“我们这里资料不多，也许韦永健能了解蓝书记的一些情况。”李昌明说，韦永健是县志办退休干部，今年 80 岁了，20 世纪 50 年代曾经是县委、县政府的一名干事。

带着满腔的期待，在李昌明的带领下，我们驱车前往距离县城 3 公里的韦老家。作为在县志办工作过 20 多年的老同志，韦老对自己的心血充满了爱惜。记者观察到，在他 20 平方米的卧室内摆满了书籍，其中最多的是有关县志及历史方面的书籍。80 岁的韦老身体康健，思维清晰，只是眼睛已近失明。由于事先打过招呼，一见面，韦老就直奔主题：“我虽然记不清蓝亦农的音容笑貌了，但是他的一些事迹还记得很清楚。”

韦老回忆，1950 年 1 月，在靖西县游击队的协调下，靖西和平起义。1950 年 2 月，蓝亦农任一三四师团政委兼靖西县委书记。由于当时县内一些坚持反动的国民党党政人员造谣惑众，与地主恶霸互相串通，勾结散匪，诬蔑共产党员和人民政府，劫公粮，烧杀掳掠，杀害解放军战士、政府干部和农会干部及民兵、群众，公然与人民为敌，因此出于安全考虑，他将自己的办公室设立在团部，他上班的地点也在团部，不是在县委。上任后，他将剿匪治安定为中心工作，指出剿匪绝不是单纯的军事问题，而是严重的政治问题，必须将军事剿匪、政治攻势、群众工作三者结合，军政并进，剿协兼施，分化瓦解，实行招降，争取多数，打击少数，利用矛盾，各个击破，全面巩固新生政权。

韦老还清楚记得，当时蓝亦农一方面组织县里大批干部下乡宣传，使广大人民群众充分认识到新建的区、乡是人民政府，共产党和人民政府是为广大人民谋利益的；另一方面，指挥一三四师团，协调2月10日到靖西剿匪的人民解放军兰州部队五一大队清剿土匪，县大队、区中队及民兵配合战斗，分化瓦解敌人，稳定社会，巩固新生的人民政权。

韦老将蓝亦农的故事娓娓道来，使记者的思绪不由自主回到了那个充满了硝烟味的时代。

结束对韦老的采访，记者又来到靖西县委书记黄建宁的办公室。黄建宁对靖西县的历史非常熟悉，他给记者补充了一些有关蓝书记的材料。他告诉记者，2008年刚到靖西县时，为了便于开展工作，他查阅了大量有关靖西县的相关文件及影音资料，其中就包括靖西县新中国第一任县委书记蓝亦农的相关资料。

黄建宁告诉记者，虽然蓝亦农在靖西县只有两个月的任期，但是在这两个月，靖西县留下了他深深的足迹！蓝亦农为靖西县新生政权的巩固和经济发展奠定了坚实的基础，立下了汗马功劳！

（本文作者系《中国县域经济报》记者陈自林）

革命意志不能衰退

河北省赵县第一任县委书记——蔡志杰

蔡志杰

1922 年 11 月生，河北深县人。1938 年 6 月参加革命，同年 12 月加入中国共产党。1942 年 5 月任深北县县委常委、宣传部长；1945 年 4 月任六地委宣传部宣传干事；1945 年 7 月任晋县县委常委、宣传部长；1947 年 11 月至 1948 年 12 月任晋县人民政府县长；1948 年 12 月至 1952 年 10 月任赵县县委副书记、书记；1952 年 10 月，调到邯郸工作，曾任中共邯郸市委第二书记，政协邯郸市第四届委员会主席，党组书记等职。1994 年 11 月 25 日逝世。

5 月 4 日，记者一行来到赵县。在党史办马立宁、郭广瑞等同志的协助下，查阅了相关党史资料。据资料显示，赵县新中国第一任县委书记叫蔡志杰，于 1948 年下半年上任赵县县委副书记、书记。

与安逸思想斗争

1948 年，蔡志杰上任赵县县委副书记、书记时，赵县已经解放，经过土地改革，农民分得了土地，部分党员干部出现居功自傲、半截革命的思想，并产生了“三十亩地一头牛，老婆孩子热炕头”的安逸思想。

据资料记载，在蔡志杰的领导下，中共赵县县委组成整党整干领导小组，吸收民主副县长曹拔萃参与领导工作，组织党员干部学习党的七届二中全会精神和毛泽东《将革命进行到底》《目前的形势和我们的任务》等著作，呼吁大家认识到夺取新民主主义革命的胜利只是万里长征的第一步，还须不停地进行社会主义革命。

1949 年 10 月，在蔡志杰的具体指导下，县委成立干部补习学校和临时党校，党校定期对党员干部进行马列主义、毛泽东思想理论培训，由县委理论教师讲课，努力发展文化教育，开展民主建政，一些想退休回家的同志自觉检讨，树立起全心全意为人民服务的思想。

1949 年 10 月 1 日，中华人民共和国成立后，蔡志杰在上级党组织领导下，团结县委一班人，带领全县党员干部，发挥模范作用，进行国民经济恢复工作。他首先解决了翻身农民生产资料不足的问题，引导农民自愿参加不同形式的帮工、换工、互助合作组织，开展大生产运动。

群众心中的廉洁干部

5 月 5 日上午，在赵县老干部活动室，许多年过七旬的老人都表示对蔡志杰书记有些印象。

曾在县商业局工作过的张春山老人回忆说："蔡书记在群众心中是个非常廉洁的革命干部。工作能力很强，为人没有架子，很有亲和力。可惜由于当时条件的限制，对一些革命干部的资料收集整理工作没有专人负责，没有留下多少有价值的文字资料。"

80 岁的张锁贵老人，16 岁开始在县公安局工作，曾在《战友报》当过记者，转业后在县水利局工作。得知记者为追寻赵县新中国第一位县委书记而来，心情非常激动，说："当时的县委书记真是一心想着老百姓，他们不怕吃苦，吃饭在老百姓家，下乡坐马车。"

张老喜欢搜集赵县的历史资料，曾整理过关于赵县新中国第一任县委书记的相关资料。在老人家里，大量的文史资料成堆地摆放着。

据张老回忆，1950 年 1 月，蔡志杰实行"查田定产，改造负担"，改变了统一累进税制，按地质优劣，评定负担亩，按负担亩计税。同时期建立农业和工商税的减免制度等政策。

同时，县委积极执行中央《关于统一国家财政经济工作的决定》和《关于统一管理 1950 年财政收支的决定》的方针，实行统收统支，所有主要收入一律上缴中央，地方开支由中央核定，按月逐级拨付，年终节余全部上缴，有力地保证了中央的财政收支管理。

蔡志杰还结合农业互助合作等运动的开展，根据"小心谨慎、有领导、有计划地个别吸收"的原则，特别注意在机关团体、工厂企业、农村、贫雇农中吸收觉悟高、思想纯洁、工作积极的人入党，改变了党基层组织薄弱的状况。党员、干部抵制了资产阶级思想的侵蚀，克服了居功自傲的情绪，振奋了艰苦奋斗、自力更生、全心全意为人民服务的精神。

重视群众文化生活

张锁贵老人回忆，蔡志杰大概有俩儿俩女，老伴也健在，只是许多年没有联系了。记者在石家庄市委党史研究室一处处长马艳丽的帮助下，联系到了蔡志杰的妻子刘荣娟。

刘荣娟老人回忆，蔡志杰十分重视民间文化事业。记得当时新中国刚刚成立，赵县的剧团都是个人经营，剧团因无党团组织，管理差，问题多，不能满足人民群众的文化需求。"为了促进戏曲事业更好地为新中国的文化建设服务，老蔡对整顿改建剧团作出周密、妥善的研究，他亲自挂帅领导学习，提高艺人的思想觉悟，树立主人翁的意识。”

“在老蔡的领导下设了工作小组，在剧团内进行思想工作，边演出，边学习，边整顿。老蔡没少为剧团的发展费心劳神，我多次陪同他与新艺京剧团主演黄少华谈心。1951 年，赵县京剧团终于正式成立。”刘荣娟老人说。

据刘荣娟老人回忆，后来黄少华离团，县委专门召开会议，邀请了比黄少华更有名气的主演于至云、王则昭等。“在老蔡的亲自关心下，全团上下心往一处想，劲往一处使，剧团声望日高，每当有大戏，周围十里八乡的人都来赵县看戏。”

提到赵县京剧团时，县委宣传部新闻科科长朱涛说：“听老人们讲，过去赵县京剧团很有名气，用现在的词形容那就是‘一支靓丽的奇葩’。”

赵县人民高度评价蔡书记

虽然蔡志杰在赵县担任书记的时间不算长（1948 年 12 月至 1952 年 10 月赵县县委副书记、书记），但他却在赵县人民心中留下了深刻的印象。赵县文史资料中有一段对蔡志杰的评价：

蔡志杰同志参加革命工作以来，时刻以革命利益为重，听从党的召唤，服从组织安排，工作雷厉风行、刻苦认真、扎扎实实、一丝不苟，不计较个人得失。为党的事业勤勤恳恳、兢兢业业、鞠躬尽瘁，表现了一个共产党员、领导干部强烈的革命事业心和高度的政治责任感。

蔡志杰同志坚持原则，作风正派，光明磊落，爱憎分明，严于律己，廉洁奉公，顾全大局，遵纪守法，平易近人，关心同志，助人为乐，对同志直爽、坦诚。一贯常念人之功，善谅人之过。严格要求亲属和子女，德高望重，深受人民的尊重和爱戴。

（本文作者系《中国县域经济报》记者王长兴、郑彬）

“那时无论多么艰巨的工作，都能得到群众支持”

山东省禹城县（现禹城市）第一任县委书记——向旭

向旭

原名向德昌，1920年12月27日生，山东省淄博市张店区大寨村人，1938年入党。1948年11月任山东省禹城县委副书记。1949年3月至1951年6月，任禹城县委书记。1980年2月，任上海市高等教育局副局长、局党组成员。1984年5月离休。

2011年6月27日上午，记者在山东省济南市接到山东省禹城市委（原禹城县）宣传部副部长孙清阳电话：“贵报寻访第一任县委书记的稿子，我已经连续认真阅读了11期，非常好！我看到新华社、人民日报、中央电视台等众多中央媒体都对此项活动进行了追踪报道。我们禹城市新中国第一任县委书记向旭，现在上海居住，91岁高龄身体仍然康健，希望你能去采访……”

下午3点多，孙清阳又为记者提供了向旭在上海的住宅电话。记者立即与向老联系，约定第二天到上海对他进行采访。

28日一早，记者与禹城宣传部高明同志一起从济南机场起飞，上午9点5分到达上海虹桥机场，下机后直接打的前往位于徐汇区的向老家。

革命经历丰富　至今学习不止

向老家住在 4 楼，记者提着果篮按响门铃，开门的是向老 50 多岁的小女儿，向老则站在书房门口迎接记者。

与向老交谈后，记者惊讶地发现——已过鲐背之年的老人，思维清晰、耳不聋眼不花，不仅看书读报，就连读药瓶说明书上的小字，他也不用戴花镜。

细心观察向老，老人虽然有些清瘦，但脸色红润，整个面部、手臂甚至于双手，几乎没有老年斑。老人一米七五的身高，背不驼，依然挺拔，保持着军人的英姿。环顾向老的书房，10 多个书柜全部装满书籍。写字台上整齐地摆放着一摞摞报刊、书籍……老人告诉记者，他自费订阅有 8 份报纸、6 份刊物，每年花 2000 多元钱。

向老书房的阳台上，摆满了各种花草；窗外是郁郁葱葱的树木……而向老住宅所在地徐汇区康平路，路面很窄，都是单行线；道路两旁那些充满历史感的多层楼房和两三层高的老式别墅，半个世纪以上的树木，更是绿树成荫，不时传来阵阵鸟鸣……与几条路之隔高楼林立、喧嚣的闹市相比，这里仿佛就是远离城市的世外桃源。

向老在他安静的书房里，向记者娓娓叙述了他从出生到求学，直至参加革命的经历。

"我原名叫向德昌，1920 年 12 月 27 日出生在山东淄博市张店区大寨村人，幼时入本村小学读书，1931 年转入张店铁路小学就读；1937 年'七七事变'时，从青岛四方铁路中学辍学。1937 年 9 月，我在家乡参加中华民族解放先锋队组织发起的抗敌后援会，当时只是一名爱国青年，凭着一腔热血进行抗日活动。我真正走上革命道路，是 1937 年 11 月参加共产党人姚仲明、廖容标、赵明新在长山县中学举办的游击训练班，期间加入中华民族解放先锋队组织，参与‘黑铁山抗日武装起义’准备工作。1938 年 10 月参加区抗日动员委员会，区行政委员会工作，11 月加入中国共产党。入党后，我先后任区小学老师抗日救国会党团书记，区委宣传部委员，区行政委员会教育部长。1939 年 10 月，组织派遣我到桓台县敌占区开辟工作，先后任区抗日动员委员会主任、区委书记、区中队政治指导员、区长等；1941 年 2 月，调桓台县委任县委委员、宣传部长。”向老对他革命经历的每一个关键足迹都记忆清晰。

“我从一名爱国学生到共产主义战士，也是在不断的学习和工作中，得到不断提高。1941 年 6 月，我到中共中央山东分局高级党校（第二期）学习，至次年 5 月学习结束，对党的认识更进一步加深了。毕业后，被分配到山东省恳利县抗日根据地工作，任县委委员、宣传部长，1945 年改任县委副书记。”

向老回忆说，解放战争期间，他先后任山东省利津县委书记兼县大队政治委员和山东省禹城县委副书记、县委书记兼县大队政治委员等。新中国成立后，又历任山东省德州地委党校校长、区委宣传委员；山东工学院党委副书记；济南市高等学校工作委员会专职副书记、市委教育部长、农委书记；泰安地委书记处书记等职。1963 年 4 月，调上海中共中央华东局宣传部，任教育处副处长，部办公室主任、部委委员；1970 年后调至上海电机厂任厂党委书记兼厂革委会主任；1973 年 10 月，任上海市文化局党委副书记；1980 年 2 月，任上海市高等教育局副局长、党组成员，1984 年 5 月离休。

离休后，向老离而不休，坚持每天学习，关心国内外大事，有时还到他曾经工作过的地方为青年人做报告，教育鼓励青少年树立远大的革命理想。他表示，生命不息，学习不止，要时刻关心国事、天下事。向老总结自己目前的生活状况：一是每天学习，主要是看书读报；二是写毛笔字、养花。一静一动，是他长寿的原因之一。

本报记者与向旭（右）

当官就是当公仆　一心为民干工作

“向书记，您从25岁开始任县委书记，中间有好几次职务变动都是从正县级到副县级的‘上下’变动，您会为这种职务变动感到不舒服吗?”记者问向老。

“那时的干部，一切都是根据工作需要，听从组织安排，其他的都无所谓。上午接到通知，下午就到任。当干部，就是为人民服务，为党工作，都是人民的公仆。不像现在有的干部，当官是为了升官发财……当时我们县委、县政府领导，一年至少有一半时间是在基层，发现问题，分析问题，然后到县里开会、碰头，研究解决问题的办法，或者是组织干部进行短暂的学习。那时，群众也不喊干部职务，而是叫老张、老李，或者是小王、小赵，干部与群众打成一片……”向老对记者说，那时的干部群众真是鱼水之情，无论多么艰巨的工作，都能得到群众的支持，圆满完成任务。

“我是禹城县战争年代的最后一任县委书记，也是禹城县新中国建设时期的第一任县委书记。当时禹城县刚解放，百废待兴，但最主要的任务就是组织力量，支持前线。当时的口号是：打倒蒋介石，解放全中国！”

向老说，他当时在禹城县主要抓了四项工作。一是支援前线；二是恢复发展生产；三是培养干部；四是对土改中遗留的问题落实政策。

1949 年，组织上从禹城县各条战线抽调了 80 多名干部南下，禹城县的干部队伍要加快培养；同时也要教育干部在思想上进行转变，从战争转向经济建设。

“我们当时经常组织干部学习，但由于当时年轻和有一定文化的干部大都南下，余下的干部许多文化程度很低，连个工作报告都写不出来。我要求他们边学习、边写作，实在写不出来，写半页纸也要写，我再替他们改。通过让干部在工作中不断学习来提高他们的文化水平、认识水平和政治觉悟。”向老说。“新中国成立之初，各项工作任务繁重，也不可能使干部抽出时间离职学习。有一位叫蒋怀秋的干部，以后到黑龙江一个县任书记，几十年后他还写信谈到我当年帮助他修改报告、帮助他学习文化的事。”

向老说，培养干部在工作实践中不断学习的能力，是共产党能够使大量的工农干部提高文化水平、工作能力，从而成为建设社会主义的骨干力量的法宝。向旭表示，艰苦奋斗不是一句空话，党员干部要带头。他们当时经常骑着自行车下乡，有时就在老乡家吃饭，给他们留下粮票、钱。但有时没带钱，就打个白条，到时再还给老乡。

“可以说，当时共产党员干部的‘白条’，比现在的美元还值钱呵。因为那些白条肯定会兑现，并且不会贬值。”禹城宣传部的高明同志插话道。

“这说明当时群众对干部非常信任，干群关系很密切。”向老说。

向老说，禹城刚解放时，工作条件很艰苦，国内外形势十分严峻。但禹城县的人民群众和干部一样，革命热情非常高涨。当时一边生产，还要一边组织力量支援前线，但无论什么艰巨的任务，只要干部发动群众，都会立即得到积极响应。比如 1949 年，为支援前线，县委、县政府干部发动群众参军，仅仅开了两场动员大会，当时只有 31 万多人口的禹城县，就有 2000 多人踊跃参军；次年，为支援抗美援朝、保家卫国，禹城县又有 2000 多青年响应号召，积极报名参军。仅仅一年多时间，禹城县的百姓就有 4000 多名青年参军，这是多么高的革命热情和对党、对干部的信任啊！

“禹城县的人民，为革命建设做出过巨大的贡献！”谈起往事，向老充满感情地对记者说。

2009 年，向老曾到他当年担任县委书记的禹城市（原来的禹城县）故地重游，看到禹城市发生的天翻地覆的变化，不禁感慨万千，他引用毛主席《北戴河》诗词——“萧瑟秋风今又是，换了人间”来表达当时的感受。

没有远虑必有近忧　反腐倡廉唯此唯大

向老应记者要求，为《中国县域经济报》题写了两个苍劲有力的大字：“远虑”。他说，无论是我们国家，还是地方政府，甚至于一个单位，如无远虑便必有近忧！

向老说，2009 年他曾沿着山东省渤海区域重走当年他战斗和工作过的地方，想起毛主席《重上井冈山》诗里写的“千里来寻故地，旧貌变新颜”，看到新中国 60 年的变迁，特别是改革开放 30 年来，经济发展的成果，倍感欣慰。

“我在山东省渤海地区工作，从抗日战争开始，由胶济线到黄河北；解放战争中，又从东到西至津浦线，先后在桓台（以前称长桓县）、垦利、利津、禹城四个县工作了 14 年，至 1952 年夏从德州地委调离。老渤海区在抗日战争、解放战争、革命历史上的贡献是很大的。

渤海出的兵遍及解放军各兵种、各个野战军。支前的民工担架队，一直随军到福建，还有部队支前干部随军去了重庆。老渤海出的干部也是遍及全国许多省、市、区。渤海地区是粮仓，解放战争中，粮食一直送过长江，这些都是顾全大局、无私奉献。”向老充满感情地对记者说。

向旭为《中国县域经济报》题词“远虑”

直到今天，向老仍然经常与他的战友共同探讨当前的国内外形势，为国家取得的每一项成就欣喜，也为今天社会主义建设中存在的问题忧心如焚。他通过向上级有关方面写信等各种方式，反映他发现的各种问题。

向老谈到2009年他重走山东省渤海区域时，曾提出了三点建议：

第一，发展经济、发展生产，这是创造社会主义的物质基础。但是发展生产我们有个目的，跟资本主义发展生产不一样，资本主义经济是少数人占有大量的生产资料，他们经营的目的就是为了牟取最大高额利润，什么赚钱干什么，是少数人占有，贫富差距太大，造成社会的不公平。我们社会主义国家发展经济是为了人民的物质和文化生活的需要。

第二，要保持渤海区域的一片净土。工业化带来了污染，资本主义国家都有过，我们也没有避免。大家知道我们的污染太厉害了，山清水秀的地方，现在被污染得一塌糊涂，靠着大湖、河流竟没净水吃。怎么样保持黄河不加重污染，保持一片净土这很重要。防止污染、消除污染的责任重大。

第三，就是把干部队伍管好、带好，少出丑事，最好不出。现在各地的丑事太多，全国公布的落马干部的贪污受贿金额，动不动就是几十万元、几百万元甚至上亿元，真是可怕，可恨！这在新中国成立后的前30年历史上哪有这种状况？这个问题不解决，让老百姓信任、拥护共产党的政府是很难的。

从上午到下午，近4个小时的采访，向老声音有些嘶哑。为本报和禹城市题字时，记者考虑到老人的身体状态，再三请老人在笔记本上题写即可，但向老却坚持写了四大张宣纸，然后从中选取两张赠送给本报和禹城市，可见向老做事的精益求精！记者告辞时，向老又拿出他在2005年6月为纪念抗日战争60周年选辑出版的《抗日战争诗词选抄》送给记者一行。

向老说，他依然经常重温这些抗日战争诗词，每天的学习是他的快乐所在。

（本文作者系《中国县域经济报》记者陈玲）

愚公故里新“愚公”

河南省济源县（现济源市）第一任县委书记——王维平

王维平

1917年9月出生，山西省襄陵（今襄汾县）人。1938年1月参加革命工作，同年6月加入中国共产党，1949年3月至1953年5月任河南省济源县（现济源市）第一任县委书记。后任鹤壁矿务局副局长，中南煤矿基本建设局副局长、局长，湖南省涟邵分部副主任，湖南省邵阳地区革命委员会生产指挥部副部长，河南煤田地质公司书记兼经理等职。1983年12月，王维平离职休养。

此次“追寻新中国第一任县委书记”大型主题采访活动，记者选择了愚公的家乡——愚公移山传说的发生地河南省济源市。从北京一路南下前往河南省济源市，在路上，记者联系了济源市宣传部长李军星，他当即表示：“这个选题很好，很有新意，我们一定大力配合。”很快，我们就接到了济源市档案局的电话。

8个小时后，记者一行到达济源市档案局。档案局局长王爱竹女士说：“我们上午接到领导的通知后，已经开始为你们这次采访搜集资料了。济源市在新中国成立时叫济源县，第一任县委书记是王维平。

由于济源市政府在近几年才开始收集和整理过去的历史资料，所以新中国成立初期的资料很不完整。”

王爱竹答应帮我们联系当年与王维平一起“搭班子”的两位领导。“他们还健在，并且身体都很好，每年市里举办老干部座谈会他们都参加。他们是济源的活字典，应该知道不少王维平的事迹。”

记者正在采访李长会（中）、王万兴（左）

反奸反霸　减租减息

在王爱竹的安排下，第二天我们见到了当年与王维平一起共事过的两位老领导，一位是李长会，一位是王万兴。

李长会是济源市原政协主席，听闻记者此行目的，他很激动：“没想到还有人关心和关注我们这些老头子，大家没有忘记我们这些老同志。我们这些人有的健在，有的早已经去世了，你们的追忆很有意义，再过几年，想要找我们这些人的资料那可就更难喽!”

从与李老的交谈中我们得知，王维平 1944 年 10 月调任王屋县（现济源市王屋镇）任县委组织部长。当时王屋县刚刚解放，经县委研究决定，派王维平到王屋二区领导反奸反霸和减租减息运动。

据李老回忆："那会儿条件差，王维平访问贫苦人家，挨家挨户地做思想工作。你要知道，那会儿的百姓都害怕地主恶霸报复，不敢说呀。王维平就一点一点地去说服他们，并经常召开积极分子座谈会，忆苦诉苦，使群众一点一点相信并且敢站起来斗地主、打恶霸。经过几次反复的斗争，97 家佃户的租息全部减了，并且换了新的契约。当时，为了巩固这一斗争的胜利，在王维平的带领下，田村、赵寨等附近的村民群众都一起跟着开始反奸反霸和双减运动了。"

交谈中，记者可以感受到，在回忆当年的事情时，李长会老人很兴奋，声音也越讲越洪亮，尤其是讲到激动处，他更是手舞足蹈。老人滔滔不绝地回忆起当年的点点滴滴，要不是我们提醒，李长会老人连喝水都顾不上了，生怕落掉什么事情，过去的历史在他们这一辈人的记忆中是挥之不去、磨灭不掉的。

支援大军　强渡黄河

王万兴是济源市原人大副主任。据他回忆，1946 年，王维平代理王屋县县委书记。1947 年 6 月 30 日，刘伯承、邓小平率晋冀鲁豫野战军主力在蒲县到东阿之间强渡黄河。为配合刘邓大军挺进中原，8 月下旬，陈赓、谢富治指挥太岳兵团从豫北的济源和晋南的平陆一带强渡黄河，开辟豫陕鄂根据地。

在陈谢大军渡河期间，战前指挥部就设在济源张洼村。为前线搞好服务，"那时候王维平带着我们挨家挨户做动员，给大军渡河造船，王维平把自己家的床板都拿了出来做船了。为运送粮食、支前参战，王维平把壮劳力都组织了起来。当时我们一个县才有 4 万人，而从我们这里过黄河的部队有 20 万人，相当于我们一个人要服务 5 个人，可想那时工作量有多大。后来大军过河后，奔赴豫西开辟根据地，我们的工作才算圆满成功。这次战役是我们济源规模最大、人数最多的一次战役，它是济源的骄傲”。

王万兴老人喝了口水继续说：“1949 年济源解放后王维平任县委书记。王维平在召开土改会议后，根据分工，他亲自蹲点，深入到田间地头进行复查验收。那会儿发现不合格者重新补课，开始工作特别难做，有些人当你面说好，一转身就变了。经过一年多的努力，王维平圆满完成了土改任务。到了 1950 年 7 月，王维平在全县干部生产会议上提出，把工作重点转入生产建设，在五龙口兴修水利、兴办小工业，使人民生活水平逐步得到改善，济源的各项事业有了长足发展。”

临别时，记者询问两位老人可知道王维平现在的近况，两位老人表示只知道他调到了河南省煤田地质公司，后来去向并不清楚。

在答谢了两位老人后，记者电话联系了河南省煤田地质局党委副书记朱永飞。朱永飞表示，由于年代久远加上单位多次搬迁，以前的档案资料很多都已丢失，但会尽力查找王维平的资料。两天后，我们接到地质局的来电，他们表示没有找到王维平的档案和资料，并表达了歉意。

（本文作者系《中国县域经济报》记者刘旭、王仲斌、王文煜）

用实际行动诠释对党的忠诚

河北省迁安县（现迁安市）第一任县委书记——帅宗仁

帅宗仁

1921年10月生于河北省定州市东王吕村。1940年2月参加革命，同年7月加入中国共产党。历任定北县（今定州市）三区抗先大队教导员、大队长、七区区委青年委员、青救会主任，望定县（今分属望都县和定州市）抗联会青年部长、四区区委副书记，定北县三区区长、区委书记，冀东十四地委组织部干部科长，香河县委常委、组织部长，冀东日报社记者。1948年10月调迁安县，先后任县委常委、组织部长、县委书记。1952年5月以后，任唐山专署秘书主任，河北省编制委员会办公室副主任、主任，石家庄地区公安局副局长，省总工会常委、生活部长、副主席、党组成员。1989年离休。

帅宗仁和老伴刘建华

迁安新中国第一任县委书记帅宗仁（第二排左三）、老伴刘建华（最后一排左二）

5月7日，“追寻新中国第一任县委书记”采访组从北京赶到河北省迁安市，市委宣传部外宣局局长孟令连接待了我们，并帮我们积极联系有关负责同志。

迁安市党史研究室主任王翠玲告诉记者，迁安县新中国第一任县委书记叫帅宗仁，是定州人，1949年在迁安任书记，直至1952年5月。

谈起帅宗仁在迁安任职的这段历史，王翠玲有些无奈地说："我查找了好多历史资料才找到他的简历。"为了获取更多的线索，在党史研究室张东英的陪同下，我们来到迁安档案馆查询。在一本名为《天南地北迁安人》的书中，我们发现了有关帅宗仁儿子帅晓民的信息。资料显示，帅晓民一家在石家庄工作、生活。第二天，我们便返回石家庄联系帅晓民。

一对相濡以沫的老革命

在帅晓民的引荐下，我们与帅宗仁老人取得了联系，并约好在老人家中见面。

走进帅宗仁家，帅宗仁的老伴和女儿热情地接待了我们。在近百平方米的房子里，记者注意到，一些家具稍显陈旧，玻璃茶几上摆着老人常用的药品，书橱由于年久失修，两扇窗门无法对齐，可里面却摆放着各种类型的书籍。

尽管年事已高，但坐在轮椅上的帅老看起来面色红润，一双笑眯眯的眼睛依然有神，见我们到来热情地点头示意。当我们试着跟他聊过去的事时，他只是说："那时候党让干什么，就干什么。"

"老人知道你们来非常高兴，今天特意换了套中山装。"帅宗仁的女儿帅晓兰介绍说："我爸爸今年90岁，身体还可以，但思维能力不大好，可能谈不清楚。妈妈82岁，有些耳聋，要大声说话才能听到。关于父亲以前的事情，由妈妈和我来回忆吧。"

交谈中我们得知，帅老的老伴刘建华也是一位离休干部，和帅老同时期入党、参加工作，是一对相濡以沫的老革命。战争年代，两人出生入死，在战斗中相识相知结为伴侣。新中国成立后，帅老担任了迁安县委书记，老伴是城关区副书记，为了工作两人很少见面。刘建华老人告诉记者，因为共同的理想与追求，他们走到了一起，"结婚时只有两床被子，住在十来平米的办公室里。”正说着，帅晓兰拿出了当时的照片，两人清瘦干练，身挎短枪，英姿飒爽。

跟随刘建华老人的回忆，帅老的光辉事迹一幕幕呈现在我们面前。1948 年 12 月初，帅宗仁担任滦河大桥抢修总指挥时，千方百计克服困难，带头跳入冰冷的河中，指挥施工、打桥桩等工作，连续奋战 7 个昼夜，提前完成了抢修滦河大桥的任务，保障了大部队及时渡河参战，受到上级领导表彰。同时，为了支援前线，他们组织领导全县人民抢修公路 5 条、修建大小桥梁 16 座，约 733 米。帅宗仁老人静脉曲张的毛病就是在那时落下的。

培养年轻干部是他的一大贡献

在战争年代，帅老算得上是有文化的领导干部。他当过记者、办过报纸，工作几十年，无论是当县委书记还是当厅级干部，帅宗仁的讲话稿都是自己写，从不让秘书代笔。

帅老善于把自己的知识传授给别人，同时，培养年轻干部是帅老的一大贡献。据老伴刘建华回忆，1949 年夏季，为了弥补大批干部南下造成的干部短缺，帅宗仁亲自筹划组织干部培训班，并编写教材、亲自授课，手把手地教，为迁安县培养了一大批领导骨干。唐山市水务局原局长高贺林，起初是帅老的警卫员，他出身贫寒，原本不会写字，帅老就先从认字开始教他，规定一天学多少字。在帅老的精心培养下，他从一个警卫员一步步走到水务局长的位置。还有 81 岁的河北省农业厅原副厅长李富清，1951 年他在迁安县委组织部任组织员，负责整建党工作。由于当时很年轻，对工作不是很了解，帅宗仁就经常到他们部门检查指导工作，深入到点上。李富清在和帅老一起下乡的过程中，积累了很多工作经验，为后来的领导工作奠定了良好的基础。

老伴刘建华说，帅老在人们心目中的印象很好，是年轻干部的好

领导、良师益友。他平时爱看书，不抽烟、不喝酒，对干部也十分关心，很多年轻干部在他的带领下走上了重要的领导岗位。

没有感到高干子弟的优越感

提起自己的父亲，帅晓兰感慨地说："帅家的孩子从没有高干子弟的优越感，也没沾过高干子弟的'光'。我参加工作就一直在工厂当工人，后来从石家庄市车管所退休，这份工作也是自己努力，通过参加河北省'以工代干'考试考来的。记得当时是 1984 年，我的孩子刚出生一年，仅是初中毕业的我，感觉压力很大。那时爸爸在省里当领导，就想让爸爸给打个招呼，结果遭到他严厉的拒绝。那段时间他经常到我家，鼓励我好好复习，在没有借助任何外力的情况下，我顺利通过了考试。"

对于这段经历，当问到帅晓兰有没有遗憾时，她把手放在帅老略显瘦削的肩头，"我一直视父亲为榜样。我退休前在车管所业务科工作，在不少人眼里这是个'肥差'，爸爸经常教导我做个诚实守信的人，说如果把握不好就容易出事。所以我在工作和生活上都很淡定，做事情也是按着规章制度来，要不然就觉得对不起爸爸的教导。"

交谈中，记者了解到，在子女们的眼中，帅宗仁是一个爱憎分明、廉洁奉公、吃苦在前、享受在后、时刻同党中央保持高度一致并多次受到上级表扬和奖励的好父亲。

据帅晓兰回忆，抗美援朝时期，父亲帅宗仁动员全县各界为抗美援朝募捐。由于宣传动员深入细致，各界踊跃捐款。后来，用这笔钱购得的一架飞机，被命名为"迁安号"，参加了抗美援朝战斗，一时传为佳话，帅老也被誉为模范县委书记。孩子们说，他们很为自己的父亲感到骄傲。

一门心思让老百姓吃饱饭

在结束对帅老的拜访后，根据刘建华老人提供的信息，我们通过河北省农业厅老干部处得到了李富清老人的电话。

拨通电话，当记者说明意图，并要求电话采访后，李老非常热情，用清脆的声音说道："帅宗仁在迁安当县委书记时，当时的迁安靠天吃饭，老百姓一没技术、二没资金、三没经验，要想吃饱饭只有种地。因此，解决吃饭问题是当时帅书记抓的头等大事。"

李富清告诉我们，为恢复生产，帅老亲自在原迁安五区抓试点。这个地方距县城30里地，帅宗仁总是步行去步行回，与村民同吃、同住、同劳动。每次去只带两个工作人员当助手，一般十天半个月才能回一次家。

"1949年秋季，迁安遭受洪涝灾害，134个村被淹，40多万亩土地减产。为抗洪救灾，帅老组织领导迁安人民积极抗灾，生产自救，改变了耕作习惯，有史以来种植了冬小麦。刚开始群众抵触情绪很大，他就开动员大会，亲自下地种麦子、扶篓子。在他的带动下，第二年迁安获得大丰收，从此冬小麦成为迁安的主要粮食作物，干部群众赞扬说多亏了帅书记。"

李富清回忆说："老帅书记在迁安工作时以组织生产、巩固新生政权为主。他那时能够亲自蹲点调研，根据迁安当时的自然条件组织老百姓耕种生产，我跟着他学到了不少东西，尤其是这种'事必躬亲'的工作作风让我受益许多。"

（本文作者系《中国县域经济报》记者李杰、郭宇廷）

共产党人是条龙　人民群众是大海

河北省任县第一任县委书记——王前

王前

1920年5月生于山西省壶关县。1940年加入中国共产党。1949年2月任任县县委书记。1951年3月调离任县，先后任冀南威县县委书记、邢台地委统战部组织部长、长芦盐务局党委书记等职。1959年4月任中共河北纺织工学院（1968年改名为天津纺织工学院）党委书记。1977在天津医学院党委书记任上离休。1987年5月病逝。

6月15日一大早，我们驱车来到位于河北省南部的“河北省平原绿化先进县”——任县。在县委宣传部同志的带领下，我们找到了74岁的县研究室原主任毛五生先生。

一见面，毛老说：“我虽然从事党史研究工作几十年，至今仍热衷于党史资料的整理，但关于王前书记的情况，史料里没有太多记录，我也知之不多。但我联系上了几位曾经跟王前书记一块儿工作过的退休老干部，你们和他们聊聊，或许对你们的采访有些帮助。”

右三为王前

我们随同毛老来到任县原县委书记赵登科的家中。除了赵书记，毛老邀请的退休老干部徐朝刚、王焕珍两位老人也早已在此等候，其中，82岁的徐朝刚竟是自己骑自行车过来的。看到这些革命老前辈个个精神矍铄，我们感到十分高兴。

王前书记任职期间，徐朝刚和赵登科都在县委办公室工作，王焕珍在妇联工作。几位处于耄耋之年的老革命娓娓而谈，使王前书记的轮廓在我们的脑海里渐渐清晰起来："高高的个子、瘦瘦的身材、黑黝黝的皮肤、大大的眼睛，工作中实事求是、雷厉风行，生活上严于律己、艰苦奋斗，思想上联系群众、团结群众，还善于学习，十分热爱读书。"

徐朝刚：抗灾抢险　身先士卒

徐朝刚告诉我们，1947年，王前从山西省壶关县来到任县担任县长，1949年2月到1951年3月担任任县县委书记。谈及往事，徐朝刚印象最深的是洪灾和蝗灾。

徐朝刚说："那个时候，任县大陆泽是个方圆百里的古泽洼地，十年九涝，总是来水，而且一来就是大灾害。1950 年夏天，任县境内连降大雨，澧河、顺水河、沙洺河、留垒河决口 40 余处，洪水泛滥，大水给人民的生命财产带来了严重损失。灾荒面前，王前吃住在'前线'，与百姓'并肩作战'，亲自带领全体干部群众投入救灾工作。洪灾过后，他又组织群众生产自救，排水播种。在王前书记的带领下，全县群众进行了顽强的斗争，最终顺利度过灾荒。"

"王前书记经常深入基层，进行现场勘察，哪条河有几道弯儿、什么地方深、什么地方浅、什么地方容易发生洪灾，他心里一清二楚，这为他带领群众们'击倒'洪灾创造了良好的条件。"说到这里，徐朝刚眼里流露出由衷的敬佩之意。

"那个时候不只有洪水灾害，就连蝗虫都欺负咱们老实人。1950 年 6 月，邢家湾那一带发生蝗灾，一片片芦苇地里全是黑压压的蝗虫，如果不及时采取措施捕灭，老百姓的损失可想而知。"王焕珍也插上了话。

"是啊，当时我跟着王前书记，王前书记的通讯员骑马赶过去打蝗虫，在地里蹲守了四天三夜没有合眼，渴了喝凉水，饿了啃窝窝。"徐朝刚说道，"白天容易惊动蝗虫不能打，王前书记下了命令'不能轰跑，就地打死'，我们组织了 1000 多人打了三个晚上。"

王焕珍：惩奸除霸　斗智斗勇

王焕珍说："王前书记上任之初，任县的社会状况十分复杂。当时任县刚刚解放，暗藏的阶级敌人和土匪残余，不断进行破坏活动，严重扰乱社会治安，其中辛店的'十八侠'恶霸残余势力最为猖獗。王前带领广大群众与恶势力展开了斗智斗勇的'博弈战'。"

据《任县志》记载，王前书记任职期间，开展了对反动党团组织成员的登记工作，清查出叛徒、特务 124 人，伪警察连长、宪兵 117 人，科长以上 107 人，国民党员 350 人，“三青”团员 81 人，其他伪人员 498 人，共计 1277 人。

1950 年秋，王前书记组织群众认真学习了《中华人民共和国土地改革法》和《关于划分农村阶级成分的决定》，并贯彻实施。10 月，中共中央发出《关于纠正镇压反革命活动的右倾偏向的指示》，全县开始了大规模的镇压反革命运动。

1951 年春，依据《中华人民共和国惩治反革命条例》，他发动群众检举、揭发和重点打击土匪、汉奸、恶霸、特务、反动党团骨干分子，共逮捕反革命分子 365 人，按其罪恶分别给予处决、判刑或其他处理，维护了社会治安，巩固了人民政权。为支援中国人民志愿军赴朝作战，全县还开展增产节约和捐献竞赛活动，共捐款 10 万余元。

赵登科：善于学习　联系群众

79 岁的赵登科在 1983 年至 1987 年期间任任县县委书记，谈及老领导，赵登科印象最深的就是王前书记办事认真、讲究效率、勤奋好学、联系群众的工作作风。

好学深思是王前同志的一大特点。他虽然只有高小文化程度，但他早已养成了读书学习的习惯。赵登科告诉我们：“王前书记不仅自己酷爱学习，还经常鼓励青年干部们也要加强学习。他从山西过来任职的时候随身携带着一样宝贝——精装《毛泽东选集》，只要一有时间就拿出来阅读。《共产党宣言》《谈谈辩证法》《矛盾论》《实践论》……王前书记读过的书特别多，他还经常把自己学到的、领悟到的讲给我们听。”

“王前书记工作起来不分日夜，就像一座上紧发条的钟。他在机关里坐不住，经常坐着马车下乡调研，与群众面对面地沟通、交流，了解他们的所思所想。”赵登科说：“王前书记对党群关系体会很深，他经常提醒我们，要时刻注意联系群众、团结群众，要时时处处为群众着想。他曾打比方说，共产党是一条龙，人民群众是汪洋大海，龙离开了海，就不再是龙，甚至连一条小鱼也不如了。”

（本文作者系《中国县域经济报》记者李杰、王长兴）

人民的好公仆

江苏省海门县（现海门市）第一任县委书记——赵一平

赵一平

1910 年 6 月出生于江苏省海门县（现海门市）。1939 年 11 月参加革命，次年加入中国共产党。1945 年 4 月至 1949 年 4 月任东南县委组织部部长、行署主任；1949 年 4 月至 1950 年 11 月任海门县委书记、县长；1951 年 8 月至 1962 年 7 月历任苏北人民检察署南通分署检察长、如皋县委第一书记、江苏省文化干校班支部书记、启东县县委书记处书记兼县长、南通专署副专员；1962 年 8 月至 1966 年 10 月任江苏省监委驻南通地委监察组组长；1966 年 11 月至 1973 年 8 月因“文化大革命”被迫停止工作；1973 年 9 月至 1977 年 9 月任地区机关党委书记；1977 年 10 月至 1982 年 10 月任地委组织部部长、南通地区行政公署顾问，1982 年 12 月离休。2000 年 3 月逝世，享年 91 岁。

5 月 31 日，记者从南京启程，直抵素有“江海门户”之称的海门市。海门市委常委、宣传部长王一鸣告诉我们：“新中国成立后，担任海门市第一任县委书记的是赵一平，他是海门本地人。”王一鸣部长给我们介绍了党史办副主任陆杰。

赵一平和夫人李秀英

陆杰告诉我们，《赵一平纪念集》中有一篇文章这样描述赵一平：中等偏高身材、清瘦单薄，双眼炯炯有神，走路稳健轻快。他建议我们去找海门党史办原主任俞茂林，他对海门党史非常熟悉。记者随即来到了老年大学找到了俞茂林同志。

当官不像官　有权不特殊

尽管手头上还有一大堆事等着处理，但俞茂林还是积极配合我们的采访，这让我们非常感动。他告诉记者："最近很多媒体来找我，向我了解有关抗日战争、解放战争时期的老同志，还没有采访新中国成立后第一任县委书记的。"

俞老认真回忆和查找了关于赵一平的相关资料。据俞老介绍，赵一平出生于海门包场一个贫苦的农民家庭，种过地、做过工，生活极其节俭。几十年来，他一直布衣布鞋出入群众中，一件衬衣，穿了30年，领口、袖口、下襟都打了补丁，还舍不得添置一件新衣服。他和爱人李秀英——一个没有到学校读过书却十分贤淑的农村妇女相濡以沫、相敬如宾、患难与共。

全国解放后，很多干部进了城、当了官，甩了农村的"土老婆"，但赵一平却和爱人风雨同舟。进城以后，他虽身居要职，但是从来没有暗示过他人和组织给妻子安排一份工作。他为革命工作无暇顾及家庭，妻子也没有丝毫怨言，一如既往地支持他的工作。

赵一平育有三子一女，大儿子在农村，几次三番求父亲把他的户口转到城里，再帮他找个工作。小孙子大学毕业了也屡次要求爷爷为其找个工作，还有若干亲友为诸般事体托他说情，他始终没有同意过，或严辞或婉拒。“他的家人有过不理解，甚至和他闹过别扭，但他知道，作为一个共产党员，决不能有一丝杂念，他的一切能量输出只能为党、为人民。”俞老说。

俞老告诉我们，赵一平还非常勤俭节约。有一次，他要去上海，一位同志为他买好一张有座位的三等舱船票，他知道后说：“四等舱也是有座位的，为什么要买三等舱，浪费钱呢！”熟悉财务制度的一位同志对他说：“按规定的制度，您可以坐二等舱。”他说：“但是，没有规定不可以坐四等舱啊！”后来，他自己去码头售票处换四等舱船票，因四等舱船票已全部售完，没有换到，只好作罢。

在纪念赵一平同志逝世 1 周年的时候，庄民写了一篇《高尚品德干部楷模》来怀念赵老。他这样写道：赵老待人诚恳，和蔼可亲，容易接近，没有一点官架子。他密切联系群众，新老干部，以及群众都愿意向他家里跑，有事都向他反映，只要合理，能办到的，他都热心为大家服务。离休后，还经常邀请战友们去他家里吃便饭。

顾全大局　不计个人得失

记者翻看了党史办公室书架上的《海门发展简史 1949—1956》，赵一平是海门全境解放后的第一任县委书记。海门解放初期，百业凋敝，留下了一个烂摊子，赵一平挑起了重建海门的重担。

1949 年，海门遭遇了历史上罕见的特大台风、暴雨的袭击，灾情极其严重。赵一平亲自参加了艰苦卓绝的救灾活动。他卷起裤脚、扛起锹，和全县人民一道抗洪救灾。灾情得到一定的缓解后，他踩着泥泞的小路、赤着脚步行到最困难的群众家里问寒问暖，一面鼓励大家增强救灾的信心，一面帮助群众解决实际的困难。

1954年初秋，海门又一次经受了暴雨的袭击，那时，赵一平已调离海门，去南通专署任副专员了，但他还带领海门县领导一同去二甲镇等地视察灾情。在他的指挥下，终于找到了一条通黄海河道，排除了运盐河以北大片积水。第二天一早，他要求县领导向他汇报灾情，并一起沿着老运盐河向东步行勘察。中午到了区政府，还没坐下来，就有群众来区报告，说包场镇东高桥已被水冲塌了。赵一平当机立断，立即赶往现场，察看灾情。下午，他们由包场镇向北涉水至鲜圩港，最后决定由包场镇偏西北开一条排水河，这样疏通排水既快又省劳力，又能及时降低耕地水位，保持禾苗生长。从准备开始到开河竣工前后仅用了3天时间，河流排水畅通无阻，水降苗露，大面积耕地禾苗获救。

在十年动乱中，赵一平同志受到残酷迫害，被迫停止工作。林彪反革命集团覆灭后，他重返工作岗位。在一次干部会议上，赵一平发表了热情洋溢的讲话。他说："同志们切不要以为过去斗了赵一平，现在赵一平要出来工作了，会不会有点麻烦？对某些同志的过火行为，我绝对不会怀什么个人恩怨，我是老共产党员！"

据《高尚的情操　忠诚的公仆——深切怀念敬爱的赵一平同志》一文回忆：赵一平同志能上能下，不计名誉地位，一心为公的品质众口皆碑。赵老刚来启东的时候，列刘仲侯之后为第二书记，陈锦美同志调来启东后，赵老又退任第三书记。这种为革命而让贤的风度是难能可贵的。

永远把群众放在心中最重位置

俞茂林表示，他曾经听一位老同事讲过："1958 年，赵一平在启东县委分管工业，他要求干部深入工厂、车间去了解情况，自己在启东农机厂蹲点，与工人同吃同住同劳动。当时正值'大跃进'，浮夸之风盛行，工人为响应号召，加大了劳动强度，十分辛苦。赵一平抱着务实、体贴群众的态度，反对搞疲劳战。为了让工人们多休息，他身体力行，起得比工人还早，每天替他们准备洗漱用水，争做卫生工作；为了体验工人生活，他跟班做钳工，虚心请教，埋头苦干。"

俞老说："有一次，在参加地委工业会议的返县途中，赵一平见有的地方群众成群结队的、扶老携幼举家搬迁。一问，得知那个地方在搞'秋播大调动'，他认为这是严重损害群众利益的。当时对'大跃进'提意见往往是要被扣右倾帽子的，他不顾这些，回到启东，立刻打电话给地委书记谢克东，汇报了这个劳民伤财的举动。'大调动'当即被地委纠正，避免了更大的浪费和损失"。

"老年丧偶后，赵老自己也心脏病复发，但为了不增加公费医疗的开支，死活不肯住院。必须住院的时候，也不去住院费比较高的南通医学院附属医院，而是去了住院费比较低的港口医院。住院期间，他有时要回家看看，一般不向机关要车子，来去都是自费坐三轮车。其实，以他这样一个年老多病的老领导干部，要车子机关是一定会派的。但他处处为公家考虑，尽量减少公家的开支，同时也尽量减少单位同志们的麻烦。"俞老说。

"党和人民需要这样的好公仆!"追寻结束，回忆着赵老的事迹，忽然想起臧克家《有的人》一文中的句子："有的人死了，他还活着。"

（本文作者系《中国县域经济报》记者张道平，实习生孙小文）

干部群众一条心

四川省岳池县第一任县委书记——杨明正

杨明正

山西左云人。1923 年 4 月出生，1937 年参加革命工作，1938 年 4 月入党，1950 年 1 月至 1951 年 9 月任川北岳池县委书记兼任县长。1983 年离休。

岳池胜利会师大会摄影留念。杨明正戴着军帽身着军装坐在前排右边第四位

团结就是力量

从成都到岳池有近300公里。5月31日，记者一早从成都出发，首先来到岳池县委组织部研究室，见到了研究室主任杨明。杨明主任很是热情，马上找出了《中国共产党四川省岳池县组织史资料》（1926—1987年）一书。据书中记载：杨明正，岳池县新中国第一任县委书记，山西左云县人，初中文化，任职时间为1950年1月至1951年9月。

“杨明正书记为岳池做的贡献可不小，我们应该记住他。1949年12月岳池解放，1950年1月10日，中共川北区党委决定成立中国共产党岳池县委员会，隶属中共南充地委领导。当时以杨明正为首的13名南下干部到达岳池，杨明正出任县委书记兼任人民政府县长，随即设置了组织部等部门，把全县的干部队伍建设抓起来。这对岳池当时的政权稳定、干部培养工作是非常重要的。”杨明介绍说。

杨明说：“我们现在最重要的是要学习他们那种奉献精神。我记得资料记载，当时杨书记他们工作地点在岳池北街的老邮电所，条件非常简陋，但是他们没有退缩，一心为了党和人民奔波。”

岳池县文管所原所长黎人忠听说我们在追寻岳池县新中国第一任县委书记杨明正，便送给我们一本名叫《往事历历》的书。黎人忠介绍说，这本书由已故岳池县原政协文史委唐文勋同志所著。唐文勋是岳池县一名老地下党员，也是岳池县新中国第一任宣传部长，曾与杨书记一起工作过，他写的书应该对杨书记其人有所介绍。

果然，在《往事历历》这本书中，我们找到了杨明正书记1950年2月1日在岳池女中召开会师大会上的讲话内容。文中提到这样的细节：“针对川东与川西地下党之间出现的不和谐的情况，杨明正流着热泪讲，无论南下与地下、川东与川西，都应该以党的团结为重，学习别人的长处，弥补自己的不足，提高自己的觉悟和工作能力。杨明正还高呼‘团结就是力量’，要求大家继续发扬艰苦奋斗的精神，共同医治战争创伤，在场人深受感动。”

更为可喜的是，这本《往事历历》的扉页赫然印着一张照片——岳池胜利会师大会摄影留念。县委书记兼县长杨明正戴着军帽身着军装坐在前排右边第四位，与南下干部、川东和川西的地下党员一块合影。这张照片距今已有61年，愈加显得弥足珍贵。

一心为群众　群众就拥护

离开组织部，记者来到岳池县史志办蒋芝全同志的办公室。

蒋芝全向我们介绍说，杨明正在岳池的任职时间不长，但是工作开展得非常扎实。在成立县委以后，开展征收公粮、剿匪、镇压反革命、土改运动等都取得了非常不错的成绩，得到了当时川北区党委的肯定和高度评价，当时的川北行署主任胡耀邦亲自来岳池视察了3次工作。

蒋芝全的说法，也在岳池县委宣传部聂长江同志提供的《中共岳池地方史稿（1950—2001）》一书中得到了印证。

书中记载：1950年成立了岳池县委、县政府以后，杨明正马上组织实施了一系列扎实有力的工作。杨明正充分发动群众、依靠群众，圆满地完成了任务。镇压反革命，使县委、县政府的威信显著提高；清剿土匪，促进了全县社会治安的稳定和好转，对于巩固新生的人民政权起到了积极作用；征收公粮，对于满足市场需求和稳定物价支援前线发挥了积极作用；减租退押，为土地改革创造了条件。土地改革使岳池人民在政治上和经济上获得了彻底的翻身，进一步巩固了工农联盟和人民民主专政，解放生产力，促进了岳池国民经济的恢复和发展。

“干部坚持原则，一心为群众办事，群众无不拥护、支持干部的工作。”岳池县图书馆副研究员斯家吉说：“岳池全县在抗美援朝捐献活动中，以杨明正为首的干部向群众讲明捐献的意义、目的后，群众踊跃捐钱、捐粮、捐肥猪。1个多月时间，全县的捐献就够买3架飞机和两门大炮，岳池成为了全国捐献活动中6个先进县之一，真正体现了共产党与人民心连心，干部与群众一条心。”

对于岳池解放初期的干部作风，斯家吉向我们介绍说，岳池成立县委以后，当地地下党只有1人进入县机关工作，其他工作主要由南下干部在做。这些南下干部深入基层、吃苦耐劳、工作踏实、认真负责、雷厉风行、服从指挥，执行政策不打折扣。

斯家吉还向我们推荐了最早在岳池县罗渡区公所工作过的老干部刘天相写的《解放初期的干部作风》。几经查找，我们在《岳池文史资料》第7辑中看到了这篇文章。文中从5个方面介绍了杨明正主政岳池时期县委、县政府的工作：

一是“干不干一斤半”。1950年的干部，待遇低，你干一天工作，只有一斤半粮票。干部外出开会吃饭后立即交粮票，如有吃饭不交粮票的，一经查出，则要受到严重处分。二是“杂粮加步枪”。1950年的岳池，旧的制度还没有完全废除，旧中国遗留下来的残渣余孽到处兴风作浪，不交粮食。这种情况下，干部走到哪里只好吃豌豆、胡豆、玉米粉、糙米饭等杂粮。干部每人还发有一支“汉阳”夹板枪作防身武器。在这样艰苦的环境中，岳池完成了1952年前的民主改革运动。三是“步行千里无怨言”。1951年1月，土地改革团第4分团来到岳池，从营山到岳池来来回回走了近1000里路，没有一句怨言。四是“过不了‘三关’开除回家”。这里的“三关”指金钱、美人、油大关。那时候的干部除了执行解放军的“三大纪律、八项注意”外，还不准侵占农民土改斗争取得的胜利果实。由于有了严密的组织纪律，岳池县的工作无往而不胜。五是“关心群众比关心自己还重”，即对待群众如同自己的父母兄弟。

干事情亲力亲为

“作为南下干部，杨明正书记的工作作风是相当过硬的。那时候，杨明正干什么事情都是亲力亲为，比如当时北城乡的土地改革就是他一手抓的。现在干部布置工作的时候要多一些，亲自动手的还是少了一点。”蒋芝全实在地说。

采访中，蒋芝全说，1985 年他去过杨明正书记的家，那时候老人已经从四川省煤炭工业厅的工作岗位上离休。“我记得他当时年纪已经不小，一米八左右的大个儿，精神不错。”可惜，蒋芝全已经记不起杨书记家的确切位置了。

杨书记是否健在？近况如何？记者赶到了四川省煤监局（原煤炭工业厅已经撤并）离休处查找线索。刚好遇上一位认识杨明正的热心老大爷。他说：“他现在住在上翔街 31 号。”谢过热心大爷之后，记者迅疾赶赴上翔街 31 号，说明来意，门卫给杨明正的儿子杨槐林打了电话，没有打通，便将杨槐林的联系电话留给了记者。

离开上翔街 31 号，记者多次拨打杨槐林的电话，终于打通，接电话的是杨槐林的妻子杨女士。听了记者的介绍，杨女士说：“非常感谢贵报对老干部的关心！我公公他们那代人的确不容易，做工作很艰苦，有值得我们现代人学习的地方。不过，目前老人已经 88 岁高龄，身体状况欠佳，耳朵也听不大清楚，不方便接受采访。”

我们带着遗憾放下了电话，但通过这次追寻采访，杨明正书记不平凡的一生已经展现在人们眼前。

（本文作者系《中国县域经济报》记者戚原）

一心向党　一生为民

河南省邓县（现邓州市）第一任县委书记——林晓

林晓

1920年11月生，河北省魏县人，1938年5月参加革命，曾先后任河南省邓县县委书记、南阳地委书记、安阳地委书记、河南省纪委书记、省人大常委会副主任、代主任等职务。后任河南省计划生育协会名誉会长、河南省老区建设促进委员会顾问。

1951年林晓（左二）离开邓县时与县委领导班子成员合影

花洲书院“发现”林晓

6 月 29 日，《河南日报》一版刊发了一篇题为《迎接党的华诞 不忘功臣功勋》的文章。文中介绍：受中组部和河南省委委托，省委副书记、省政协主席叶冬松 28 日上午到省人大常委会原副主任林晓家中看望慰问，送上党组织的感谢和关怀。

记者眼前为之一亮，林晓不正是我们想要追寻的邓县新中国第一任县委书记吗？记得 2009 年 10 月，时任本报社长许宝健带领《百姓访谈——我们的县委书记》采访组一行再走宝健路，见证河南、湖北两个孟楼发展变化时，邓州市委宣传部副部长许光选带领我们参观了该市花洲书院，记者发现，书院内陈列的有关邓州历史渊源的资料图片中，有很多资料介绍到了邓县新中国第一任县委书记林晓。那时，许社长便对随行的本报记者谈到开设追寻新中国第一任县委书记栏目的想法，当时大家都认为这是个很好的创意。

在报社开设追寻新中国第一任县委书记栏目之初，记者首先考虑到的便是邓州新中国第一任县委书记，并第一时间联系了河南省委党史研究室与邓州市委宣传部，得知林老目前就定居在郑州。

邓州市委宣传部副部长许光选向记者介绍，关于邓县新中国第一任县委书记林晓同志，大家对他还是比较熟悉的。他担任了近 4 年的邓县县委书记后，又到南阳任地委书记达 10 年。林晓同志在邓县工作期间，为建立和巩固人民政权、扩大县区武装、动员知识分子参加革命工作、征收粮款、支援大军过江、剿匪反霸、土地改革以及恢复和发展邓县的工农业生产、文化教育卫生事业等工作都做出了积极的贡献，这些在邓州县志里面都有详细的记载。

看到《河南日报》的报道后，记者当即联系了河南省人大宣传处，处长杨欣简单地介绍了林老现在的一些情况。至于林老是否愿意接受采访只能征求他本人意见，他还给记者提供了林老秘书的电话，让记者可以先联系他的秘书。

当记者将本报已刊发报道及相关评论交于林老秘书时，他高兴地说："你们的报道我看过，在央视《新闻联播》上介绍你们报道的情况我也看到了，我会尽快把这些资料拿给林老看的，到时候再联系你。"

两次解放邓县

据林老秘书介绍，林老现在仍坚持每天来办公室工作。

在河南省人大的8楼办公室里，记者见到林老时，他正专心致志地看文件，还在小本子上不时做着记录。见到我们，林老立即站起身来热情招呼。虽然已过耄耋之年，但林老仍面色红润，精神矍铄，仿佛可见当年的威武英姿。

简单寒暄之后，记者直奔主题，请林老谈谈在邓县工作的那段历史。此时，原本斜靠在沙发上的林老欠身坐正，顿时来了精神。尽管时间已过60多年，但此时的林老对那段历史仍是记忆犹新。思绪穿越时空，回到了那战火纷飞的年代。

1947年，林晓随刘邓大军越过黄河，千里跃进大别山。为了巩固解放区、建立人民政权，12月13日，刘邓大军第十纵队党委在湖北应山县浆溪店召开了一次重要会议，成立了中共桐柏区党委、桐柏行政公署和桐柏军区。会后，时任桐柏区党委副书记的赵紫阳同志找林晓谈话，代表组织任命其为邓县县委书记兼县大队政委，到邓县建立人民政权。用林老的话说，这就算是分配工作了。

初次进入豫南地区，林晓不仅要从生活习惯、言语交流等方面尽快进行自我调整适应，更重要的是他必须找到了解邓县各类情况的突破口。临行前，没有人向他们介绍邓县的任何情况，唯一听说的是邓县的反动民团异常猖獗。同时，在自己完全陌生的地方开展工作，能否得到百姓的信任和拥护十分重要。虽然有一丝的顾虑，但林晓仍是义无反顾地带领着21名党政机关干部和85团3营7连的95名战士及4挺机枪开始了日夜兼程的进军。

他们首先到达的是仍盘踞着国民党部分残余势力的河南新野县。“当时，敌人时刻关注我军的动向，但他们搞不清虚实，不知我军有多少兵力，这就使他们再无防守的信心，趁着夜色匆匆弃城而逃。我们是不费一枪一弹就把新野县城解放了。”林老自豪而幽默地向记者讲述了他们初到豫南的首场胜利。

之后，林晓带领部队进入了邓县境内。在本地老党员的帮助下，刘集镇建立了邓县人民政府的第一个乡级基层政权，并迅速向周围乡镇扩展。1948年元月，以林晓为首的邓县新生人民政权在桐柏军区派遣的4个连的部队的帮助下解放了邓县。

1948年正月初二，邓县县委、县政府决定趁春节农闲时节组织军民联欢，在县政府所在地袁岗村（位于邓县县城以南30里）临时搭起舞台，利用文娱宣传的形式发动群众，进一步密切党群、军民关系。然而，林晓并未忘记反动势力对新生人民政权的虎视眈眈，他特意在袁岗以北安排了侦查人员，约定了联络报告信号，并安排参加演出的战士们将枪械全部放在舞台后的化妆室里，随时备战。

不出所料，敌人果真来犯。“当时并没接到侦查员发出的敌情讯号，就听见‘叭叭’几声枪响，正看演出的群众一片混乱，我当时立刻大声提醒群众不要惊慌，听从指挥，就地卧倒，一边又命令战士按预定方案立即投入战斗……”此刻的林老忍不住双手挥舞、摩拳擦掌，仿佛敌人就在眼前。

由于应急方案得当，战士们迅速就位备战。同时，枪声惊动了不足3里外的地区区委及区中队，他们也迅速出兵，左右夹击，与县大队遥相呼应。敌人偷袭不成反被包围，顿时乱了阵脚，随即落荒而逃，我军大获全胜。

在邓县首次解放仅20多天后，依旧猖獗的国民党又派出了南阳绥靖公署主任王凌云率第九师二二六团及民团重新占领了邓县城。随后又经过几个月的战斗，当年5月，邓县获得了第二次解放，也是彻底的解放。

积劳成疾病倒了

林晓行军所到之处，不仅建立起人民政权，更是强调开展打土豪、除恶霸的行动，他习惯将这些威胁人民政权的反动势力称之为“钉子”。

虽说邓县获得了彻底的解放，但国民党及其他反动势力仍不甘心，他们无时无刻不在进行着对邓县的新生人民政权的颠覆活动。为巩固人民政权，林晓表示，最重要的是将这些威胁人民政权的一个个“钉子”狠狠地拔掉。

在邓县第一次解放时，他们俘获了山都乡伪乡长、桐梓乡伪副乡长及当地的地主恶霸，同时将所获的财物分给群众。在刘集镇焦坡村，他们将此地大土匪头子焦占魁死后留下的浮财棉花数千斤、芝麻20多石、粮食10万多斤分给了贫苦群众，将10多个金戒指、银圆200多块作为支援前线费用等等。在此期间，共有20000多名贫苦农民分到了浮财，群众无不为之拍手称快。

1949年2月，随着淮海战役的胜利结束，国民党军队已溃退南方，我军乘胜追击，反“扫荡”斗争暂告一段落。但是地方反动武装、特务、土匪等反革命势力趁我军在邓县空虚之机，妄图颠覆新生人民政权。彻底剿匪，是新生人民政权的又一项重要工作。

“打土豪、除恶霸，老百姓分得了浮财，对共产党更是拥护有加，有志青年纷纷加入地方武装或参军。比如，当时我们县指挥部原来只有一个连，在邓县不到两个月就有六七百人参军参战，我们的队伍也逐渐壮大了。”林老向我们一点一点地回忆讲述起他在邓县的那段革命岁月，生怕错过了任何一个细节，不仅让我们对那段历史有了更详细的认识，更是让我们经历了一次革命精神的洗礼。

虽然“钉子”被拔掉了，但邓县由于长年的战争已是满目疮痍，百废待兴。对此，林晓与邓县各级领导进行了周密的计划与部署：发展地方武装，储备担架、药品、物资等支援南下部队；为满足日益扩大的革命根据地对干部的需求，大量吸收知识分子参加工作；发展教育、培养干部等等。

“除了前面说的那些工作，解放前后，土改也是我们的一项重要工作。我们先是将焦坡村当作土改试点，后又将经验推广到沟林、刘集、桑庄等420个自然村。虽然后来我们都称那次是‘急性土改’，但它给我们后来的土改工作提供了宝贵的经验。”林老向记者继续介绍。

1950年初，当全国人民仍沉浸在翻身当家作主的喜悦中时，由于长时间的紧张劳累，加上战争时期生活没有规律，林晓出现了大吐血（后诊治为急性肺病）。邓县医疗条件无法医治，医生只能建议他去120里外的湖北老河口医治。就这样，由几名战士抬着担架，林晓被送往老河口。路上，医生每小时要为他注射一次止血针。“当时医生嘱咐我要多休息，但是在那百废待兴的年代，作为一县的书记，我怎么能安心休息得下去呢？”在仅经过了短短的二十几天治疗后，林晓又重新回到了工作岗位。

耄耋之年奔波于中原大地

再次见到林老，是一周后他从林州调研回到郑州。林老的秘书向记者介绍，林老退休之后每年都有三分之二的时间在地市调研，无论是酷暑还是严冬，他都坚持深入到最基层的群众当中深入调查研究、了解百姓心声。一年下来，河南省18个地市他至少能跑一遍。近年来，随着年龄越来越大，他外出调研的时间已少了很多。不出差时，林老多是写报告或看书，仅退休之后，就已写了十几万字的读书笔记。

同时，林老的秘书还帮记者找到了林老在2006年出版的回忆录——《峥嵘岁月》。他表示："这本书可读性很强，可惜当年只印了500本，我是作为林老最亲近的人才有幸得到一本的，你们完成报道之后一定要给我带回来啊！"

回来路上，记者翻开书，准备找一些与此次报道相关的重点篇章看看，谁知一翻开，便不由自主地想要往下深读：它并没有多么华丽的辞藻，一篇篇朴实无华的章节，讲述了林老从中小学开始接受革命思想的熏陶，进而入党参加革命工作，经历了背井离乡、危难受命、智斗强敌、死里逃生，也参与了共和国的建设热潮，更重要的是至今他仍竭尽所能地为党和人民贡献着自己的余热。

同时，记者拿在手里的还有一本《调查与探索》，这是林老担任河南省计划生育协会会长十几年间的部分调查报告。此外，林老调研的题材还涉及中小学教育、土地与粮食、法制建设、工商工作、乡镇经济发展、减轻农民负担等诸多领域，有许多被河南省委直接下发各地市学习和执行。这本30万字左右的《调查与探索》所收纳的不及林老所有调查报告的三分之一。字里行间，我们似乎看到了一个白天头戴草帽、手持折扇，奔波于百姓之间，夜间孤灯下又坚持奋笔疾书，写下几十万字调查报告的老共产党员的身影。

"这种多彩的人生让我感觉到了人生的意义，更使我觉得生命的珍贵。"于林老而言，生命的价值体现不是荣誉、不是地位，而是对理想信仰的不懈追求。

在古稀之年，林老离休之后仍兼任了河南省计划生育协会会长、河南省老区建设促进会顾问等职务。年过九旬之后，他主动辞去了河南省计生协会会长之职，但还是被聘为名誉会长。

“离休后兼任这么多职务，只是觉得自己身体还行，还能为组织和群众发挥一些余热。”作为一个与生命赛跑的老人，林老表示，没有亲身经历、不到夕阳西下的人，恐怕是不好体会一位垂暮老人那颗报效社会的拳拳之心的。

（本文作者系《中国县域经济报》记者王仲斌）

历经磨难　痴心不改

福建省龙岩县（现龙岩市新罗区）第一任县委书记——吴潮芳

吴潮芳

1904年生，福建省龙岩县小池乡人。1928年3月加入中国共产党，1929年5月红四军入闽，与陈茂钟一起领导小池暴动，接应红四军。红军攻克龙岩后，任小池区苏维埃主席。1935年被捕，后经组织营救出狱。历任中共龙岩县委巡视员、岩西北分会书记、闽西特委委员等职，参与1949年6月国民党地方政权“闽西起义”的组织和领导。

新中国成立后，历任中共龙岩县委书记、县长，龙岩地委委员、龙岩生产委员会主任、龙岩专署副专员。“文化大革命”中遭受严重冲击，1975年9月2日含冤逝世。1978年12月平反。

在龙岩采访期间，承蒙新罗区委党史研究室主任符维健热心帮忙联络，记者找到了龙岩县新中国第一任县委书记、县长吴潮芳的儿子吴胜。

一大早，我们与吴胜相约在龙岩电业局见面。个子瘦高、精神矍铄的吴胜在龙岩电业局工作，今年8月就要退休了。吴胜为我们引见了一个人——龙岩卫校原书记、校长吴柏桂。84岁的吴老曾经是吴潮芳的部下，并写过不少回忆文章。记者一行来到老人家中，从吴柏桂和吴胜的回忆漫谈中，我们慢慢了解到了吴潮芳坚持革命、坎坷曲折的一生。

23岁带领贫农闹革命

吴柏桂老人说，1904 年，吴潮芳出生在龙岩小池乡赖邦村一个贫苦农民家里。4 岁时母亲去世，由已出嫁的姐姐吴巧娣抚养，7 岁回到自己家里和父亲一起生活，在本村读了 3 年私塾，从 11 岁起就打短工、砍柴火、挑煤炭，生活艰难困苦。

1927 年，吴潮芳 23 岁那年，闽西红军和苏区创建人郭滴人从广州农讲所回龙岩活动，经常在吴潮芳家落脚，并向他讲述革命道理。不久，同为闽西红军和苏区领导人的邓子恢也到了小池，小池的农民运动就逐渐发展起来了。吴潮芳在郭滴人、邓子恢的培养教育下，在赖邦村组织秘密农会，带领贫苦农民起来闹革命。

记者查阅到署名为龙岩卫生学校高级讲师林萃生写的一篇文章《吴潮芳忆邓子恢、郭滴人二三事》，文中写道：在暴动以前的秘密农会时期，有一次邓子恢同志到小池遇到了吴潮芳，吴潮芳邀邓子恢到赖邦秘密农会讲话，邓子恢同意了。在赖邦秘密农会上，邓子恢说：今天我要讲 3 件事，有道理我们就干，没有道理，我们就不干。第一，种田不上租。第二，借的高利贷不还。有人马上说，高利贷利息太高了，本钱要不要还？邓子恢回答：本钱也不还！第三，讨老婆不要钱。这三个问题与农民切身利益关系太大了，农民立即展开了热烈的讨论。对持反对意见的老农，邓子恢没有去指责他们，而是听他们讲理由；对支持这 3 个问题的秘密农会骨干，邓子恢旗帜鲜明地肯定，然后深入地阐明了自己的意见。直到天快亮了，大家都不感到疲累，在回家的路上，还兴致勃勃地交谈着。

的“低调”，是要担风险的。农民出身、懂得农业生产、熟悉农村情况、在20年红旗不倒战斗中成长起来的共产党员吴潮芳，敢于坚持实事求是的优良传统，敢于替农民讲话。极左路线对他进行了残酷的打压，要他承认“反对总路线、大跃进、人民公社三面红旗”，吴潮芳始终认为自己没有错。

采访即将结束，吴胜在评价父亲时这样回忆道：父亲从来没有用权力为自己安排或照顾工作。父亲当时的行政级别是12级，月工资160多元，老乡或贫苦人家前来，每次都送给对方5元或10元，父亲的朴实为人给吴胜留下了深刻印象，也影响了他的一生。

（本文作者系《中国县域经济报》记者黄长秋、朱亚圣）

一句话记载　永恒的记忆

安徽省凤阳县第一任县委书记——黄驭

黄驭

1922—1989 年，江苏涟水县人，1939 年 8 月加入中国共产党。曾任八路军苏纵南支第三梯队政治部民运科长，后在淮阴县历任县委组织部长、县委副书记、县长兼独立团团长。1949 年起历任中共安徽省凤阳县委书记、滁县地委秘书长兼办公室主任。1953 年起，历任安徽省工交办主任、省委工交部副部长、部长、马鞍山市委第一书记。1971 年起，历任安庆地委副书记、革委会副主任、蚌埠市委第一书记。1979 年 12 月任安徽省副省长兼省经委主任，1988 年 8 月当选为安徽省七届人大常委会副主任。他曾被选为中共安徽省第一、二届委员、第五届全国人民代表大会代表。

1949 年，黄驭亲笔写的工作总结报告及工作计划

（一）

6 月 13 日一大早，记者一行在凤阳县委宣传部工作人员郭如亮的陪同下来到凤阳县党史办。得知我们前来的目的后，党史办宋老热情地接待了我们，为我们查找相关资料。退休干部、县委办原主任王乃蚕老先生帮我们翻出了《凤阳县志》《凤阳县大事记》及《蚌埠市志》，积极为采访提供线索。

史料上关于黄驭的生平事迹记载少之又少，当我们询问是否能见见当年与黄老一起共事过的同事或部下时，热情的党史办主任赵金保立即帮我们联系到了离休干部、凤阳县政协原主席周文德。不一会儿，一个清瘦的老人出现在我们面前。老人双目炯炯有神，显得精神矍铄，他就是曾与黄驭共事的周文德老先生。通过周老的回忆，黄驭的形象在我们眼前渐渐清晰起来。

据周老回忆，青年时期的黄驭英勇善战，怀着对共产主义的向往和一颗尽忠报国的决心，年纪轻轻就投身革命，在苏北、皖北都留下了他的革命足迹。黄驭和他带领的部队在极其艰难困苦的条件下坚持敌后武装斗争。由于屡立战功，他多次受到华东分局等领导机关的通报表扬。在他的带领下，他和他的部队战功累累，令敌人闻风丧胆，因此有了“黄驭游击队”的美称，其事迹当年还曾被新华社报道。如果要用一个词来形容年轻时候的黄驭，那就是“英勇”。

（二）

回忆起过去的点点滴滴，周文德眼里泛起了丝丝泪光，“黄驭虽然正式担任凤阳县委书记只有几个月时间，但是他个好书记”，周文德如是说。1949 年 1 月 10 日淮海战役结束，同年 2 月，黄驭作为南下干部，从苏北调至当时的临淮市。3 月，黄驭被推选为凤阳县县委书记，宋乃冰任县长，周文德是文书，那时凤阳县委只有 7 个委员。

“黄驭十分关心群众的生活，无论严冬还是酷暑，黄驭都坚持视察民情了解民生，了解百姓的冷暖温饱。”周老说，“1949 年寒冬的一天，我陪同黄驭冒雪视察工作，那时大家穿的都是很薄的草鞋、粗布衣，黄驭每次都会脱了鞋袜，光着脚下去视察”。听到这里，我们都觉得很奇怪，为什么有鞋不穿呢？周老解释道：“当时老百姓家里穷，没有多余的鞋子换啊。”就这样一个小小的细节，可见黄驭一颗当官为民的心。

黄驭对百姓心细，对自己却向来“心狠”。周老告诉我们，作为一个县委书记，黄驭每顿饭的花费却跟他们一样，仅仅 2 角钱，而且部下吃什么，他就吃什么，从不搞特殊。

（三）

翻开《凤阳县志》，其中对黄驭的记载较少，只有一句话：“黄驭在 1949 年 10 月到 1950 年 2 月任凤阳县县委书记。”由于记载资料缺少，记者在赵金保的介绍下来到了凤阳县档案局。在这里，记者在凤阳县档案局局长程文斌的热情帮助下，经过大量查阅，最后从当时的一些县委会议记录和《凤阳县大事记》里找到了一些关于黄驭书记的记述，这些宝贵的史料记录了凤阳县委在黄驭书记领导下所开展的一些工作。这些历经岁月风霜已经泛黄的纸页记录的点点滴滴，让我们更加清晰地看到了一个在岗位上兢兢业业、任劳任怨的县委书记的伟大形象。

1949 年 3 月 23 日，由黄驭任书记的凤阳县委成立。5 月 11 日，黄驭等成立凤阳县锄保委员会。6 月 10 日，凤阳县委提出在农业生产劳动中推行人、牛换工互助合作意见中规定：单牛助耕供应草料的算半个人工，不供应草料的算 2 个人工；人、牛助耕供应饭食和草料的，算 2.5 个人工；人、牛助耕不供应饭食和草料算 3 个人工。6 月 28 日，县委召开会议贯彻区党委颁布的《反霸纲领》，研究清匪除特，开展减租反霸斗争。10 月 2 日，县委决定以乡、镇为单位召开人民代表会议。代表由行政组选派，乡、镇可聘请小学教师、贫苦青年和进步人士参加。乡、镇长任人民代表主任，选进步农民为副主任。10 月 4 日，县委针对地主、恶霸分散、隐藏、拍卖、毁坏土地、房屋、耕畜、种子等情况，要求各区、乡发动群众，严密监视，一经发现，从重处理。10 月 10 日，县委开展政绩检查，发动群众揭发违反党纪、破坏政策、思想堕落、腐化变质的行为，并对功臣自居、贪图享受和不深入实际的思想作风进行批评和自我批评。12 月 1 日，县委、县政府发出《关于取缔大小曲酒和私酿私卖的命令》，决定由专卖公司组织力量到各区、乡检查处理。群众主动帮助缉私，按缉私商品价格给 8 折奖金。1950 年 2 月 22 日，黄驭调离凤阳。

没有轰轰烈烈，没有妇孺皆知。作为安徽省凤阳县新中国第一任县委书记，黄驭一切以人民利益为重，他艰苦朴素，兢兢业业，以勤奋的工作、朴素的作风赢得了凤阳人民的爱戴。

（本文作者系《中国县域经济报》记者郑淑琼、郭宇廷、吴昊）

无私无畏　虚怀若谷

福建平和县第一任县委书记——陈天才

陈天才

1911—1995 年，出生于福建省平和县国强乡。1928 年 5 月加入中国共产主义青年团，1935 年 9 月转为中共党员。1940 年起任中共平和县委书记。新中国成立后，历任平和县委书记兼县长、龙溪地委农委书记。“文化大革命”期间遭受迫害。粉碎“四人帮”后，被聘为第四届省政协委员，兼任龙溪地委落实地下党政策领导小组副组长，龙溪地委常委、专署副专员等职。1983 年离休。1995 年 10 月 12 日逝世。

5 月初，记者如约找到了漳州市委党史研究室副主任曾一石，这是记者为“追寻新中国第一任县委书记”报道第二次拜访曾一石。

曾一石向我们介绍了平和县新中国第一任县委书记陈天才。据《平和大事记年鉴》记载，1949 年 9 月 29 日，解放军长江支队第五大队第二中队首批南下干部 45 人抵达平和，重新组建中共平和县委员会，陈天才任书记。1949 年 10 月 1 日，全县各界人民进行集会、游行，热烈庆祝中华人民共和国成立。13 日，平和县人民政府成立，陈天才兼任县长。

1983 年 2 月，陈天才（左一）在革命老区诏安访贫问苦，与老交通员亲切握手

其实，作为一位老红军战士，陈天才自 1938 年受党派遣在平和开展抗日救亡工作后，就一直战斗在这块土地上，直到解放后奉调。在平和，他被百姓称为“才公”。在残酷的斗争年代，他是驰骋大芹山区的传奇英雄，敌占区更将其神化。国民党当局曾对他的首级开出了 5000 大洋的悬赏金，后来又涨至 1 万大洋。民国三十七年间，县城风传陈天才要来攻城，国民党显要及其眷属，紧急疏散，小溪镇午市正旺忽然紧闭栅门。在长期的革命战争中，陈天才同志的养父、兄、弟等 5 位亲人相继牺牲，为革命事业做出了很大的贡献。他坚持斗争，为平和革命武装斗争“红旗不倒”和闽粤边革命根据地坚持到解放。

剿匪英雄陈天才

漳州市委党史研究室原主任、《乌山风云》编辑陈方告诉记者，解放伊始，陈天才带领平和县委、县人民政府一班人立即着手进行政权接管、社会改造和恢复生产工作。然而，由于长期的战争和政权的更替，秩序尚未稳定，社会相对混乱，土匪、特务、恶霸、反动党团骨干和会道门头子相互勾结，造谣惑众、烧杀抢掠，敌视人民政权、施展反共伎俩，使人民政权的巩固和社会生产的恢复受到了严重的威胁。1949 年 12 月 20 日发生的九峰暴乱和 1950 年 3 月 15 日的南胜暴乱，其规模和危害都是全地区前所未见的。其中，匪首陈德卿在南胜策动平和县大队第四连叛变，杀害干部并纠集土匪 600 多人攻打南胜区公所和县大队另一个连。

为了早日根绝匪患，平和县委向地委书记卢叨提出请求，希望调来已经升任地委农委书记的陈天才协助抓剿匪工作，卢叨说："行！要说剿匪，天才最有办法！抗日战争初期，由日本人武装的伪军，不就被陈天才率部剿灭了吗？"陈天才也满怀信心地说："十几年游击战争中，我们就是以大山为依托，对这里的山山水水，我们比谁都熟悉，如今我们下了山，国民党残余、地痞流氓才上了山，他们如何能逃出我们的手掌，躲过人民的惩罚？"于是，陈天才又率领部队上了山。他坚持土改、剿匪、反霸一起抓，广泛动员翻身得解放的农民、老区群众，不到 3 个月，平和的匪患便基本被肃清。

为民请命　敢于直言

谈到父亲陈天才，女儿陈建英说，虽然父亲离开我们已经有十几年了，但多年来，他的音容笑貌常常在我的眼前浮现。父亲一辈子两袖清风，身后没有给我们留下什么物质上的财富，但他的那些优秀品质是足以让我们终身受用的精神财富。

在党的培养教育下，陈天才从一个普通农民锻炼成长为一名坚定的共产主义战士。在 60 多年的革命生涯中，他对党、对革命事业忠心耿耿，无私奉献了他毕生的精力。他一身正气、刚正不阿，襟怀坦白、艰苦朴素，关心群众疾苦、严于律己、为政清廉，始终保持着劳动人民的本色。在陈建英的心中，坚持真理、实事求是、敢于直言、不畏权势是父亲一贯的表现和突出的优秀品质。

据陈建英回忆，1958 年 4 月，时任龙溪专署副专员的父亲陈天才被下放到平和县任县委副书记，兼负责领导专区下放平和国强公社的60多名干部。时值“大跃进”，起初陈天才也满怀信心和豪情要“超英赶美”：他带领干部群众上山伐木烧炭炼钢，和社员们一起冒着凛冽的寒风泡在河里淘洗铁沙。这一年，国强公社粮食超购了100多万斤，钢铁产量也超邻近公社的一倍，获得钢粮双丰收的成绩。到了推广密植并丘，陈天才便开始冷静思考，对这些做法提出疑问。到后来“大办工厂”“车子化”，浮夸风愈刮愈烈，甚至停车让路、放弃秋收，直至扩建炼钢炉时，陈天才则由抵触转变到坚决反对。

1959年12月，福建省委书记江一真同志到平和调查情况，听取县委汇报后，特地找陈天才说：“天才，你是本地人，了解情况，有什么第一手材料，向我说一说。”陈天才实事求是地向江一真报告了群众对瞎指挥和浮夸风的不满情绪。后来，江一真同志把在平和等地调查的情况向省委做了报告。不久，开展反右倾运动，省里召开批判“江魏集团”大会，县委书记都参加了。会上，有人指责江一真向省委反映的群众意见是反党言论，追问他是从哪里听来的。在会场气氛十分紧张时，陈天才毅然站起来，证明了江一真的那些言论是转述群众对瞎指挥的批评，并不是江一真自己的言论，并说明是他向江一真同志反映的。顿时，大会批判的矛头一下子转向陈天才。事后，陈天才就被打成“右倾机会主义分子”被批斗了20多天。

照片取舍间见忠诚

据福建广播电台记者许崇安回忆，陈天才同志写过一本回忆录——《情系大芹山》。书的前两页刊登了陈老几十年革命生涯的11张珍贵照片。本来在收集整理这些照片时，有一张是江泽民同志同陈老亲切握手的特写照，那是1990年12月江泽民同志视察漳州接见地专级干部时拍下来的，大家认为这是最珍贵、最有分量的，应该收进去。但是，陈天才同志怎么也不肯，他说，这是党和国家最高领导人对老同志的关怀和爱护，我们只能永远铭记在心里，不能以此来炫耀自己，更不能有“沾光”的思想。

许崇安说，只要是读过这本书的人，都会为陈天才对先烈寄托深切哀思的真切诚意所深深感动。他以回忆录的方式，来表达自己对党的忠心，对老区人民的敬意和对革命战友的缅怀。

翻开《情系大芹山》一书，书中对于作者从新中国成立前参加革命几十年的出生入死和受尽磨难以及对几位亲人先后为革命献出生命的事迹轻描淡写，却以浓墨重笔书写了老区人民支持革命，写革命先烈前仆后继的斗争精神，讴歌广大人民群众对中国共产党坚定不移的信念。这一轻一重，在我们的心中树起一座共产党员的丰碑！

在采访中，我们常常为陈天才的故事所感动，切身感受到了他对党对人民解放事业的无限忠诚以及他无私无畏的人格魅力。他正是用这种涵盖着信念、意志、品质和风范的人格魅力感染着身边的每一个人，激励他们用手中的火炬点燃了闽南革命斗争的熊熊烈火。

（本文作者系《中国县域经济报》记者黄长秋、朱亚圣）

干一行爱一行

江苏省丰县第一任县委书记——葛步海

葛步海

1921年生，江苏省沛县沛城镇城关人。早年入沛县中学读书，积极参加学生反帝反封建的抗日救亡活动。1938年初参加沛县中学战地服务团，到前线慰问参加台儿庄会战的部队。1938年6月参加沛县抗日游击队，任一大队政治指导员。同年加入中国共产党。1939年夏任中共沛县县委青委书记、县青年团主任。1941年3月任中共丰县县委书记。1943年9月任中共湖西地委青委书记兼专署工农青抗日救国联合会主任和专署青年救国会主任。1944年9月任中共湖西地委委员、秘书长兼地委办公室主任。1946年5月任中共丰县县委书记。新中国成立后，任中国共产主义青年团华北工委副书记，其后历任驻捷克斯洛伐克大使馆参赞、乌干达特命全权大使、外交部礼宾司副司长、赞比亚共和国特命全权大使。1981年因病逝世，享年59岁。

1979 年，葛步海与赞比亚总统卡翁达为中赞友谊干杯

7 月 7 日，记者来到丰县，当地县委宣传部副部长刘志、新闻科科长石培明和宣传科科长张茂林三位同志带我们走访了丰县党史办和档案馆，了解了作为丰县的第一任县委书记——葛步海的其人其事。

湖西地区最年轻的县委书记

有着“党史活字典”之称的丰县党史办副主任赵本宇首先向我们介绍了葛步海的一些事迹。

葛步海曾两次出任丰县县委书记。第一次上任是在 1941 年 3 月 1 日，直到 1943 年 8 月，那时他才刚刚 19 岁。刚一上任，这位湖西（注：指微山湖）地区最年轻的县委书记就面临着严峻的考验。丰县地盘自古就比较小，被形容为“一枪能打过去”“一步能跳过去”。是年，丰县境内盘踞着日寇、伪军和国民党反动派等各种势力，抗日运动的艰难便可想而知。而作为湖西抗日根据地的前沿阵地，丰县的抗日工作成败直接影响着整个湖西地区的抗日运动。

在这种形势下，这个不满 20 岁的共产党员带领县委一班人成功地指挥了丰县前线军民同敌人的斗争，为湖西地区抗日运动的胜利作出了巨大的贡献。这其中，坚守并确保了通往抗日根据地延安的交通要塞——北十字河地区的畅通，又成为了整个丰县抗日运动胜利的必要保障之一。丰县北十字河地区是山东和华中通往延安的要道，也是卡在苏鲁皖地区敌伪顽咽喉中的一颗钉子，敌人曾多次采用扫荡、碉堡封锁等多种手段进攻，企图占据该地区。作为丰县县委书记、县大队政委的葛步海始终与王效斌（时任县长）、李公俭等同志一起，发动、组织群众，顽强地与敌人展开斗争，确保了该要塞的畅通。

葛步海第二次出任丰县县委书记是在1946年5月直到解放后。当时，国民党反动派大军压境，湖西危在旦夕。敌人从徐州向冀鲁豫地区大举进攻，丰县首先受到攻击。在这紧要关头，葛步海临危受命，被派往丰县地区组织抵抗运动。他灵活地运用游击战、运动战和地道战相结合的战略战术，有力指挥，顽强作战，坚守了丰县的前沿阵地，保卫了湖西解放区的中心地区，没有辜负组织和人民的期望。李药铺地道战就是葛步海指挥的一场闻名遐迩的战斗。当时敌人以七十四师两个团为主力，又调集了丰县、复兴区、太行区、华山区以及附近4个县的保安团约7000人，对以李药铺为中心的地道区进行了拉网包围和重点进攻，并采用放火、放毒、狂轰滥炸等手段围剿我驻李药铺的党、县委机关。

葛步海冷静指挥、沉着应战，带领时任党、县委领导班子，利用地道能打能躲的优势，英勇地与敌人周旋。最后终于突出重围，化解险境，不但歼灭了一大批敌人，还为我党保存了重要力量。

作为外交家的县委书记

据葛步海的老同学、老战友张世珠回忆，葛老口才甚好。13岁时，他就在徐州举行的一次全区中学生演讲会上以雄辩的口才而一举闻名于苏北的教育界。

童年时代的葛步海不但显露出了出色的演讲才能，同时他也展现出了积极的活动能力。张世珠说："葛步海读书时，是个勤学好问、思想敏锐、品学兼优的学生。当时在沛县中学读书时，进步教师郭影秋课外常组织同学唱救亡歌曲、演抗日戏剧，向社会募捐支援东北义勇军。大大小小的活动，葛步海都作为其中一分子积极参加。1938 年 5 月，沛县和徐州相继沦陷，步海同志毅然加入中国共产党领导的抗日游击队，奔赴前线抗击日寇，更在同年 8 月坚定地加入了中国共产党。"

正是出色的演讲才能和积极的行动精神以及对党的高度忠诚，才成就了作为外交家的葛步海。

据有关资料记载，1954 年，30 岁出头的葛步海被调到外交部，先后担任驻捷克斯洛伐克大使馆参赞、乌干达特命全权大使、外交部礼宾司副司长、赞比亚共和国特命全权大使等职务。葛和平（葛步海之子）说："为了完成党和国家交给的任务，开拓新中国的外交事业，父亲夜以继日地工作、默默地奉献一切。他为了能专心地工作，甚至将我们兄妹几个孩子都送到托儿所和寄宿学校。"

1963 年底到 1964 年初，周总理出访亚非十三国，葛步海负责礼宾方面的后勤工作。这是我国国家领导人首次正式访问非洲，其意义重大。再加上出访国家多、行程远、时间长，所以不论是在旅途安排、日程拟定、礼仪程序方面，还是在生活起居及安全保卫等方面，后勤任务都异常繁重。葛步海全力以赴、废寝忘食，一天 24 小时不离岗位，积极协调各部门、各事项，做到事无巨细、亲力亲为。经过两个多月的奋战，终于胜利完成了这项重要的出访后勤任务，保证了代表团出访的圆满成功。

1971 年 1 月，乌干达陆军总司令阿明发动政变上台后不久，中乌关系一度处于低潮。葛步海再一次受任于危难之际，于 1971 年 4 月出任我国驻乌干达特命全权大使。上任伊始，葛大使立即开展了积极的外交活动，宣传我国独立自主的和平外交政策，逐步推动了中乌友好关系的健康发展。他利用各种途径和机会，多次拜会阿明总统以及乌政府各部负责官员和乌国内有影响的社会人士，促进沟通、加强交流。

翌年，我援乌的水稻农场正式奠基。葛步海不仅借机邀请了阿明总统和农业部官员，还特别邀请了政府新闻官员和记者，宣传我外交政策和中非友好关系，扩大我国的影响，并取得了显著的成绩，两国的关系也因此得到了提升和改善。阿明总统在一次公开场合中就曾向葛大使道歉，并称赞中国人是非洲人的真正兄弟，也高度赞扬我国提供的无私援助。后来，我援乌的“奇奔巴”农场成为中国的代名词，乌干达的人们一提起“奇奔巴”总要竖起大拇指，赞不绝口。

同事眼里的县委书记

在《怀念葛步海同志》这本书中，充满着对葛步海的这种评价——多才多艺。据葛步海当年身边的老同志回忆，葛步海在演戏、打球方面都很擅长，在球场上号称“土坦克车”，他常常带着篮球在别人的胳肢窝下钻来钻去，灵活多变、快若游龙。

李云鹤（解放后曾任丰县县委书记）曾这样评价葛老：“‘大事聪明，小事糊涂’可以说是葛步海的典型性格。在国家大事、党的事业、方针政策、知人善任等方面，他头脑非常清楚，是湖西地区运筹帷幄、决胜千里、文武双全的领导干部之一。但他在自己的生活小事上却是一个邋遢随便、不拘小节的人。在战争年代里，他把精力都扑在了党的事业上，甚至对自己的爱人和孩子都很少过问。自己的衣服破了也不知道缝补，东西用一件丢一件，是一个有名的‘邋遢仙’。”

褚振民（葛步海的老战友，曾任职于湖西五区党委组织部）回忆说，葛步海在生活上非常平易近人、富有情趣。平日见面，大家都叫他的绰号“方块”。就连一些老领导也喜欢开他的玩笑。在一次晚会上，郭影秋（葛步海的老师）就以作诗为题表演了一个名为“铜墙铁壁割不开（葛步海）”的节目，逗得全场哄堂大笑，步海同志也乐在其中。业余时间，他常会和大家玩扑克，下象棋、游泳、散步、聊天，还老像孩子一样开怀大笑。打扑克时，他还会要要赖皮，经常悄悄地多抓一张牌；下象棋时，对方的棋子也经常会“不翼而飞”。当然，被发现的话，他也甘愿“受罚”，被一伙年轻人往脸上贴纸条儿。这个时候他就自我解嘲道：“只要你们高兴，不想家，再贴几条也没关系!”

被称为“三不领导”的县委书记

在葛步海出任中华人民共和国驻赞比亚共和国特命全权大使期间，陈爱山担任他的翻译长达3年时间。陈爱山这样讲道：“他资格颇深，但从不居功自傲；地位颇高，但从不摆官架子；职权颇大，但从不搞特殊化。大家都称他是‘三不领导’。在驻外使馆工作期间，每次回国探亲，对使馆人员托办的事，哪怕是一个炊事员、司机托办的事情他都会非常认真地去办。周围同志生活上有了困难，他也是千方百计地想办法帮助解决。他在非洲的乌干达使馆和赞比亚使馆任职期间，有几位翻译长年夫妻两地分居，生活比较困难，为了照顾这几位同志的家庭生活，他费了很大精力，找有关部门联系，最后终于把这两位同志的爱人分别调到两个使馆工作。”

一直陪着记者帮助搜寻葛步海相关资料的赵本宇说，如果用4句话来概括葛步海的品质，那就是：

严肃认真，做工作兢兢业业。

热情诚恳，待同志亲如兄弟。

艰苦朴素，居洋场保持本色。

开朗乐观，干革命赤胆忠心。

他感慨道："葛老为诸事操劳，大事小事都身体力行，长时间、高强度的劳动让他的身体负荷太重，59 岁时就离开人世了。丰县人民都很怀念他！"

（本文作者系《中国县域经济报》记者张道平，实习生孙小文）

“天行健矣余行健，地厚载哉我担山”

吉林省延吉县（含现延吉市）第一任县委书记——宋振庭

宋振庭

1921年4月19日生，曾用名宋士达、宋志同。1937年加入中国共产党。1945年至1979年在吉林省工作期间，曾任延吉市委书记、延吉县委书记、省政府党组成员、文化处长、省委宣传部长、省委常委等职。1979年3月至1983年末在中共中央党校任教育长、党委常委、党校顾问。1985年2月15日因病医治无效逝世，终年64岁。

宋振庭和老伴宫敏章

在吉林省新中国第一任县委书记的队伍中，宋振庭是很有影响的一位。在吉林省委党史研究室资料处，有关宋振庭的文献资料也比较全面。为了更直观全面地了解宋振庭的生平事迹，记者还是决定前往北京拜访他的夫人宫敏章女士。

宫老直爽、开朗，在北京的家里，我们见到了她。她的生活很有规律。提起宋振庭，老人仿佛有说不完的话。通过宫老断断续续地讲述，宋振庭的人生画卷清晰地呈现在我们面前。

重视民族团结　起用妇女干部

宋振庭 1921 年 4 月 19 日出生在吉林省延吉市。父亲宋程九是个制作靰鞡鞋的小手工业者，也是一位爱国者。1928 年，共产党员刘建章、曹振佳先后到宋振庭就读的北山小学任教，在学生中宣传革命道理，使宋振庭受益匪浅。1937 年 9 月，他和杨伯箴、丁一岚等 6 人从南京出发，几经辗转，来到西安七贤庄八路军办事处。经过组织的安排，他们开始徒步奔向革命圣地延安。10 月末，宋振庭进入延安抗大第三期三大队七队学习；11 月，加入了中国共产党，翌年 2 月转正。从此，他正式走上了革命道路。

1947 年 2 月，宋振庭调任延吉县委书记。当时的延吉县是延边的大县。此时正是东满解放区最困难的时期，县内山多地少，粮、棉不能自给，财政困难，前线又急待支援。在这种情况下，宋振庭在省、地委的直接领导下，认真贯彻执行党中央关于土改的《五四指示》，深入发动群众，开展土地改革，组织大生产运动，开荒扩田，解决吃饭、穿衣问题。并提出了“好男儿参军去，好妇女下地去”的口号，组织广大农村妇女参加生产劳动。同时，在广大妇女中开展了“多纺多织，支援前线”的活动。根据延边农业生产特点和朝鲜族有种水稻的特长，提出了大力发展水稻生产，改良延边黄牛，扩建苹果、梨果园等号召。

宋振庭十分重视对少数民族干部特别是妇女干部的培养。1947年，宋振庭在东兴安乡蹲点，住在李玉今家中。这位妇女是名军烈属，丈夫在四平攻坚战中英勇牺牲，两个小叔子也在部队参军。李玉今还是位生产劳动能手，她一手承担起了家里全部的农活以及照顾公婆的责任。在宋振庭的帮助培养下，李玉今不但加入了中国共产党，而且还先后出席了全国军烈属社会主义积极分子大会和在莫斯科召开的世界妇女大会。

坚持学习　重视文化工作

1950 年秋，宋振庭调任吉林省人民政府任党组成员、文化处处长。1952 年，任省委宣传部部长。20 世纪 50 年代初期，宋振庭把全部精力投入到了党的宣传、文教事业上。他和董速（时任宣传部副部长）一起，在省直机关培养训练一批理论教师，继而再由这些教师给广大干部上课。宋振庭也亲自给干部讲哲学、政治经济学、科学社会主义学说和党史。

1952 年至 1958 年，在他的积极推动下吉林省先后成立了吉林省文联及协会、省博物馆、省作协、省歌舞剧院、省京剧院、省吉剧团等。在他的倡导下，省里又成立了省艺术专科学校（现为吉林艺术学院）、省戏曲学校等。宋振庭在领导这些文化艺术单位的创建和日常工作中都表现出了卓越的创造性。

宋振庭曾一度任省委文教部长，他认真贯彻《中共中央、国务院关于教育工作指示》。1958 年，在省委的统一安排下，他去北京积极同教育部、一机部、卫生部协商，然后又奔赴到吉林省的各大学去做思想动员工作，使吉林省很快形成以吉林大学、吉林工业大学、白求恩医科大学、东北师范大学、吉林农业大学等为主体的综合、工、农、医、师成套的高等教育体系。在全省教育工作会议上，他多次提出要“落实知识分子政策，要尊重教师的劳动，关心教师的生活，重视教师的工作和进步”。

新中国成立后至病逝前，宋振庭的大部分时间是从事宣传、文化教育工作。他的知识和学问也是靠边工作、边学习积累起来的。他常说：“三人行必有我师，孔子是圣人，还要不耻下问，何况我辈！”在吉林省，他结交了许多知名的学者和教授，如历史学家兼古文字学家于省吾，文学家、诗人张松如，历史学家、文学家杨公骥等。他利用节假日和休息时间登门虚心求教，回来便“按图索骥”，按历史的顺序、哲学的逻辑、中外思想史的发展框架加以分类研究，经过理解、分析、比较，得出自己的认识。

生活“邋遢” 工作认真

吉林省委党史研究室副研究员金铁洙听说本报正在做“追寻新中国第一任县委书记”的采访，向记者回忆了他眼中的宋振庭。

据金铁洙回忆，1974 年吉林省左家“五七”干校和吉林省清沟“五七”干校合并，成立了吉林省“五七”干校，宋振庭是主持干校工作的副主任。当时，金铁洙被安排去给宋振庭当通讯员。金铁洙说：“初次见宋主任我有些胆怯，不知道说什么。还是他笑呵呵地问了一些我家庭的情况后，我才渐渐放松下来。我记得他当时穿着再普通不过的灰色对襟大棉袄，肥大的裤子，脚上穿着棉靰鞡，非常朴素。而且说话的时候总是面带微笑，慈眉善目的，没有一点我想象中‘大干部’的样子。”

回顾两年多在宋振庭同志身边工作的经历，金铁洙感触颇深。宋振庭生活“邋遢”、不修边幅，但工作认真、雷厉风行。记得宫敏章到干校看他时，见满屋书画杂乱无章（其实只是杂并非乱，宋振庭想找什么书，绝对是“手到擒来”），就说了他几句，宋立即表示不满意：“乱点儿有什么关系，又不是工作！”确实，宋振庭对待生活和工作是截然不同的态度。生活上他不拘小节，但在工作上却是一丝不苟、有条有理。

金铁洙说，他曾在收拾宋振庭房间时偶然看到他在50岁生日时写的一首诗，因为觉得诗如其人，就多看了几遍，不想时隔几十年后仍记诵如新。现在他想以这首诗表达对老领导的深切缅怀之情：

兰中解时胆气豪，青春似火乘狂飙，
大节无心修边幅，全忠何暇顾羽毛。
论世二分辨方向，知人两面识低高，
五十蹉跎作此语，半为赠减半自嘲。

人生最后岁月道是乾坤无愧

宋振庭于1979年3月调任中共中央党校教育长、党委常委，1983年10月任中共中央党校顾问。1981年，他身患重病住进了北京医院。在患病的4年中，他仍然坚持广泛参加社会活动和各种会议。1982年8月，他参加了中国法国史研究会第三届年会。1983年3月，在纪念马克思逝世一百周年大会上，宋振庭作了题为“论在落后国家如何建设社会主义的问题”的长篇发言。就在他去世前的3个月，他还强撑病体在中央党校给学员讲了最后一课。他讲完课后，汗流浃背，声音更加嘶哑，此时，礼堂里响起了经久不息的掌声。

临近岁末，病情加剧，他更着急了。他要在生命有限的时间里做最后的冲击——一定要完成由他主编的《当代干部小百科全书》的编审工作。他躺在病榻上，嘱人把参加编写的几十位同志请来，请各教研室的负责同志任分主编，整个编写任务实行定人、定内容、定时间，实行编写责任制。他恳切要求大家趁他一息尚存之际把书稿完成。大家为宋振庭的忘我精神所感动，昼夜赶写。每写完一篇，立即送给他过目。这时，宋振庭的手已经没有力气握住书稿……这部书的125万字初稿，在大家的通力合作下，以最快的速度得以编写出来。由于宋振庭再也提不起笔来，书的“前言”部分不得不由他逐句口授、由秘书整理完成。

他还创作了一副对联，悬贴门首，以表明心迹：上联是：“天行健矣余行健”，下联为“地厚载哉我担山”。横批是：“无愧乾坤”。

1985年2月，宋振庭已病势沉重。在他行将离去的时候，他回顾了自己的一生。面对死亡，他从容镇定，万千感慨凝于笔端，写下了这样的诗句：

六十三年是与非，毁誉无凭实相违。

唯物主义岂怕死，七尺从天唱大归。

1985年2月15日，宋振庭怀着“大唱而归”的忠肝义胆离开了人世。

（本文作者系《中国县域经济报》记者王天武）

大别山上一面不倒的红旗

湖北省红安县第一任县委书记——黄宏儒

黄宏儒

1900年出生于湖北省黄安（今红安县）华河枣林一个贫苦农民家庭。1927年，黄宏儒参加赤卫队，同年参加黄麻起义。1929年加入中国共产党。1933年秋，任五区苏维埃主席，不到半年组建3个乡苏维埃政府。1938年3月，任安南县工委书记。1940年任安南县委书记，1941年至1946年先后任中共安麻县委书记兼县长，安礼县委书记、县长。1946年6月任沂东县委副书记，不久，调山西晋城五师留守处工作。1949年2月，任黄安（今红安）县委书记。1950年7月以后，历任孝感地区常委、地区农会主席、中共五三农场党委书记、湖北省委纪律检查委员会副书记、省监委副书记、湖北省政协副主席。1982年9月11日于武汉病逝。

一本没有出版的回忆录

4月21日，在红安县委宣传部新闻科长毛红平的陪同下，记者一行来到红安县文物局，查找该县新中国第一任县委书记黄宏儒的相关资料。

红安县文物局的肖万斌告诉我们，他们这里收藏着一本黄宏儒没有出版的回忆录。肖万斌解释说，所谓回忆录，是他们根据黄宏儒生前的回忆笔记，后由他人帮助整理出来的生平回忆手抄本结合而来，共40多页。

据回忆录记载：1932年12月24日，驻在华家河的敌八十九师部分敌人，趁着天下鹅毛大雪进攻红安老君山地区，黄宏儒全家除在外的人，他的二哥、小弟等6个亲人全部被杀害，他年仅2岁的儿子也未能幸免。1949年2月，黄宏儒被指派到黄安（今红安）担任县委书记。当时县委的主要任务是准备迎接大军南下所需的一切物资，尤其是粮食和军草。1949年3月初，大军南下，没有经过任何战斗就解放了红安全县。从1927年到1949年的22年间，共产党领导的人民军队先后4次解放红安，但前3次总是时间不长就退出了县城，只有1949年这次才完全彻底地解放了红安县。黄宏儒一辈子都忘不了为革命而牺牲的10万红安儿女。

“1949年红安解放时，县委机关和县大队加起来不到200人，在全城找不到一间完整的房子办公，不是天上缺瓦就是地上少门。最后没办法，县委只好挤到一个地主家的一间房子里办公。”据黄老回忆，当时红安县只有一所县中学，共150多个学生，当时的红安县城人口不多，县委机关和县大队加上学生和市民一共也只有2000多人。

只有一匹骡子的县委

80多岁高龄的董玉森曾是红安县新中国第一任组织部长，与黄宏儒曾是战友。在湖北省直医院，我们见到了正在做治疗的董老。5月20日上午，董老在休息室接受了我们的采访。

“1949 年 7 月，我调任红安县委组织部长。现在我还清楚的记得，到任那天黄宏儒书记握着我的手风趣地说，你没来之前，我的两个口袋，左边一个是组织部，右边一个是宣传部，这下我总可以腾出一个荷包了！”董玉森回忆说。

董老说，他和黄书记共事虽然不到 1 年，但深感黄书记作风扎实、严于律己，同时又能深入实际，爱护群众。当时县委只有一匹骡子，县政府只有一匹马做交通工具。黄宏儒总是将骡子让给其他同志用，自己下乡则坚持步行。

黄宏儒心里时刻装着老百姓。董玉森记得，1949 年 10 月，由于上游山洪暴发致使红安南门河水猛涨，一连四五天不退，县大队就扎了两个木筏子临时摆渡向老百姓收钱。黄宏儒得知此事后十分生气，当即就打电话对县大队提出了严肃批评，要求他们必须免费为老百姓提供服务。

董老回忆说，红安解放初期，县委一是千方百计做好稳定工作。特别是注重做好稳定民主人士的工作。他记得，当年黄书记亲自找到红安当地一个姓吴的乡绅，向他反复宣传共产党的政策，同时又请他出面做其他乡绅的工作，请他们支持和参与即将成立的新中国建设。二是抓教育。由于战乱，红安唯一的一所小学和初中不得不建在离县城 8 里路外的大塘湾。1949 年 4 月，黄宏儒和他一块儿找到了当年黄安中学姓詹的校长，请他积极做好学生及其家长的稳定工作，劝他们要相信共产党，不要往外逃，红安今后的建设需要大量有文化的人。三是做好支前工作。解放初，红安还没来得及建立基层政权，在短时间内筹集大量的军粮确实困难较大。但是，为了确保大军顺利南下，他们克服重重困难，按时完成了上级下达的支前任务。

风雨潇潇路

江苏省丹阳县（现丹阳市）第一任县委书记——康迪

康迪

原名何育群，曾用名万涤尘，1915 年 4 月生于湖南省岳阳县黄岸乡。1937 年 7 月加入中国共产党。1940 年奉命前往江苏工作。抗战时期，历任中共武进县委宣传部长、组织部长、澄西县委书记，苏中五地委委员兼山南县委书记。解放战争时期，历任澄西县委书记，茅山工委书记等职。解放后，历任丹阳县委书记，镇江地委城市工委书记，镇江专员公署副专员、镇江地委第二书记、专员，江苏省纪委、省监委副书记，江苏省委组织部副部长。“文化大革命”期间受到迫害。1973 年后历任徐州市委副书记、市革委会副主任，江苏省纪委副书记，常务书记，第一书记。2005 年 9 月 8 日在南京逝世。

丹阳市位于江苏省南部，这里生产了国内 70%、世界 50% 的眼镜镜片，素有“中国眼镜之乡”的美誉。丹阳也是革命老区。抗日战争时期，陈毅、粟裕领导新四军在丹阳及邻县建立了茅山抗日根据地。1949 年 4 月到 5 月，丹阳是中国人民解放军总前委、华东军区和中共华东局临时驻地，邓小平、刘伯承等老一辈无产阶级革命家在这里运筹帷幄，指挥解放大上海的战役。

6 月的一天，记者在丹阳市宣传部的引荐下，见到了该市史志办公室主任的李世华。为纪念新中国成立 90 周年，丹阳市史志办正在整理一套名为《红色记忆》的丹阳市地方党史资料汇编。在李世华的办公桌上，堆满了各种相关资料。当记者问起丹阳新中国成立后第一任县委书记时，李世华几乎不假思索地告诉我们：他叫康迪。

注重调查研究

李世华告诉记者，丹阳于 1949 年 4 月 23 日解放，5 月 2 日成立县委后，康迪便担任书记一职，一直到 1951 年 10 月。康迪是湖南岳阳人，很小便接触了红军并加入了共产党。李世华也与康迪有过一面之缘。1996 年，已经 81 岁的康迪参与了《江苏人民革命斗争群英谱》丹阳市分卷史稿的审改工作，并为此专程来到丹阳进行实地调研。“当时，我们都被康老的认真求实精神所感动，以实际行动出色完成了《群英谱》丹阳分卷史稿的征集和审编工作，以此来表达对康老的敬佩之情。”李世华说。

李世华一边帮我们查找相关史料，一边向我们介绍了丹阳解放前后的情况。抗日战争胜利后，为求得和平民主，新四军北撤至长江以北，国民党军队随即进驻丹阳地区，进行疯狂的“封锁清剿”，使老百姓身陷水深火热中。1948 年，解放战争进入全面反攻阶段，当时，丹阳境内的中共留守组织由茅山工委管辖，工委书记正是康迪。在他的指挥下，丹阳城内建立了党的外围组织——解放社。解放社团结、组织丹阳城内的进步职工、教师、学生、店员和社会青年，开展群众性的地下革命斗争，同时还搜集了大量丹阳城内的政治、军事、经济情报。这一切都为迎接大军南下顺利解放丹阳、接管丹阳作出了极大贡献。

1949 年4 月21 日，解放军强渡长江天堑，仅仅用一天时间便彻底摧毁了敌人的长江防线。

4 月 23 日，丹阳全境解放。康迪迅速带了一个班的武装着手接管工作。

“工作中，康迪非常注重调查研究。”李世华说，“当时丹阳有两个比较大的企业——云阳面粉厂和丹阳纱厂。在接收云阳面粉厂时，起先的材料认定是官僚资本，后又说是私人资本。康迪丝毫不马虎，他亲自组织人员进行反复调查，最后确定是官资少、私资多，于是将企业认定为官私合营资本性质。根据当时对民族工商业的政策，接管小组立即取消了对云阳面粉厂的接管，改为帮助了解、催促复工。这对稳定私人工商业起了很大作用。对丹阳纱厂的接管同样经过了严密调查。接管一开始，纱厂就被查明绝大多数是官僚资本，但康迪一再要求严谨。他通过秘密党组织了解、查阅当时的档案、股东会会议记录、账册以及该厂工程师提供的材料，直到证实丹阳纱厂是官僚资本性质，才将其列为接管单位。正是因为康迪注重调查、认真严谨的工作态度和方式，使丹阳的接管进行得十分顺利，前后用时仅仅 15 天。”

此后，同样凭借得力的政策和方法，康迪在极短的时间内便带领广大群众完成了稳定物价、剿匪肃特、征借粮草等工作。

风雨潇潇路

为帮助我们了解更多情况，李世华联系了丹阳革命陈列馆馆长黄一平。

据黄一平讲，康迪对丹阳的感情特别深。有一本书反映了康迪的革命经历，这本书是32 开、淡黄色书皮，书名为《风雨潇潇路——康迪纪念文集》。300 页的书共分为 3 个部分：康迪工作与生活照片、康迪著作以及老战友、老同志对康迪同志的追忆。

在第一部分的14页中，是有关康迪同志的26张照片：从黑白到彩色、从黑发到银丝、从工作到生活，是他简单的人生写照。

第二部分是康老的遗作，写于1997年。全文用散文随笔的形式，分14个部分详细记述了他坎坷一生中经历的风风雨雨。

康迪出生于湖南省岳阳县黄岸乡的一个贫苦家庭，是家中的独子，一家三口以父亲制作、出售油纸扇和布鞋为生。在康迪童年的记忆里，家里几乎全靠借债维持生活，逢年过节还要给地主请吃送礼。青少年时艰苦的生活环境以及被剥削的滋味养成了他不怕困难、不畏艰险、不知疲倦、失败了再来、不达目的绝不罢休的精神。1936年，康迪投身革命。1940年以后，他奉命来到江苏，先后在武进、澄西、江镇、山南、镇句、茅山等地开展革命工作。其实，康迪也并非他的原名，而是后改的，取谐音“抗敌”之意。

革命中，康迪所面对的是难以想象的艰苦。1943年间，日伪对山南县发动了“清乡”。时任山南县委书记的康迪率领军队与敌人连日作战巧妙周旋。在《风雨潇潇路》第74页上，康迪记载道：“由于较长时间没有洗澡换衣服，加之行军时出汗，身上出了‘革命虫’（虱子），浑身发痒，睡觉时将衣服脱下放在台上，次日一早发现一只礼帽上竟爬满密密麻麻的虱子。”

除了艰苦，更有无处不在的危险。从1947年开始，康迪坚持战斗在茅山地区。茅山地区就在南京附近，紧临国民党统治中心，是反动派的大本营所在地，可谓“虎穴狼窝”。面对这种危险的处境，康迪身边的不少人都先后因害怕而离去了。但是，康迪却丝毫没有退缩，相反，斗志愈发坚强，率领民众把革命斗争不断推向深入。

当然，在康迪眼中，多少艰苦、多少危险都比不上胜利后的喜悦。1949年4月21日，解放军开始渡江，康迪在书中这样描述自己当时的心情：“渡江开始的那天，我高兴得接连两夜都没有合眼。”

于细微处见精神

在《风雨潇潇路》的第三部分，收录了康老25位老战友、老同志对他的追忆。

戴为然曾于革命战争年代战斗于扬州一代，与茅山所在的镇江仅一江之隔，他与康迪相互配合、相互支持，一同并肩作战。对于康老当时的工作环境，他这样描述："康迪同志是湖南人，浓浓的乡音，在苏南开展地下对敌斗争诸多不便，一时对工作地区民间语言不通。他在斗争中深入群众，多和群众接近，不断认真学习，熟悉民情，熟悉语言，熟悉敌情，可见他能够长期坚持在苏南地区进行卓有成效的斗争，是多么不容易！"

康迪的老战友薛晓春在书中回忆道：他常常一身青衣小帽，装束朴素、利落。初看上去，他像一个教书先生，温文尔雅，话不太多，但讲起话来，条理性强，富有说服力。可是这个"教书先生"却没有旧文人的清高，也没有真书生的迂腐。他与干部战士们平等相待，跟村民百姓们融洽相处，除了一些学生、妇女恭敬地称他为"康先生"外，其他人不分尊卑老幼，都亲热地喊他"老康"。

离休后，康老积极参与到了《江苏人民革命斗争群英谱》的组织征编工作中。根据曾在康老指导下从事《群英谱》审编工作的江苏省委党校教授黄光康回忆，当时康老患有严重的帕金森氏综合征，两手颤抖，抓笔十分吃力，但他坚持审读、修改，挑出的毛病和问题多达100余处，并逐一写上了评语和备忘录。

康老在生活中的朴素、节约也是在周围人中出了名的。戴为然写道："康迪同志和家人都十分简朴，一日三餐都是粗茶淡饭，穿着旧衣衫。他家宿舍前的庭院狭小，但仅一席之地都被他充分利用了起来，种植上了各种应时的蔬菜，连墙角狭窄处也都栽植了爬墙的瓜豆。"

对于这一点，康老的儿子康晟也有提及：“爸爸终身勤俭朴素，从来不挑食物好坏，从不讲究衣着新旧，从不购买高档日用品。我们为他祝寿买的衣服也只是当天穿戴，一旦照完相片就再也不见他穿上身。”

最令儿子康晟难忘的是“文化大革命”的那段岁月。1967年，康迪前后被戴上了“走资派”“丹北帮”“老人串联会”“5·16现行反革命分子”等帽子，全家人都受到了冤案的牵连，遭受了极不公正的待遇。康晟大学毕业后，由于受父亲牵连，失去了参加部队和三机部单位的工作机会，被分配到湖南洞庭湖军垦农场。即便如此，康迪依然如此教育儿子：“要相信党，要相信群众，要坚信马列主义、毛泽东思想，我的问题一定会得到澄清的！你要正确理解，不要有牢骚情绪，要努力工作，要在平凡的岗位上为祖国做出贡献。”从中，我们不难看出康老对党和国家的坚定信念。

（本文作者系《中国县域经济报》记者张道平，实习生张春丽）

“要用心认真去工作”

浙江省泰顺县第一任县委书记——陈辉

陈辉

1915—2008年，浙江省苍南县五岱人。1936年7月加入中国共产党。土地革命战争时期，任共青团瑞平泰县委书记、浙南人民革命委员会委员。抗日战争时期，历任中共泰东北区委书记、福鼎县委书记、泰顺县委书记、浙闽边区联络员。解放战争时期，历任中共浙闽边区委委员、泰顺县委书记、浙闽边区中心县委书记、浙南第三县队政委、泰顺县人民政府县长、浙江省第五区地委委员。新中国成立后，历任中共泰顺县委书记、温州地委委员、温州市委委员、温州市委组织部副部长、温州市委常委、温州市农业手工业部部长、温州市郊区工作委员会副书记、温州市农业生产委员会副主任、温州市农业办公室主任、温州市革委会副主任兼温州市体委主任、温州市人民委员会副市长等职。1988年8月离职休养。

泰顺中心县委委员（陈辉书记前排左三）

在浙江省内，只要提到革命根据地，提到哪个地方曾经有过激烈战斗的话，人们就会想到温州的泰顺县。这里是我国老革命家粟裕、刘英等战斗生活过并建立了革命根据地的地方。

当《追寻新中国第一任县委书记》的专栏被各大媒体报道之后，记者先后接到浙江多个宣传部打来的邀访电话，可惜的是浙江地区绝大多数都是南下干部，很多书记当时只待上两三个月就离开了，所以追寻起来难度极大。记者致电给泰顺县委宣传部，在说明了采访目的后，该县外宣办科长王细辉高兴地表示他们有记者所需要的资料。

7 月 12 日，记者清早 6 点半从杭州出发，在经过 435 公里，共计 5 个半小时的行程后，终于到达浙江最南端、与福建交界的典型的山城——温州泰顺县。

为革命，斗智斗勇保存实力

当天下午 2 点 30 分，在王细辉的引领下，记者来到了该县史志办。该办副主任夏齐进向记者介绍了他所知道的有关泰顺新中国第一任县委书记陈辉参加革命的一些事情。

早在1925年，泰顺就有共产党的活动了。1930年，出于对国民党反动统治的不满，该县泗溪镇一带爆发了一场有1500多人参加的农民暴动。这次暴动虽然以失败告终，农民武装损失惨重，但却在农民心中深深地埋下了革命的种子。1935年4月，由粟裕、刘英率领的红军挺进师扎根于浙闽边界的泰顺、福鼎、苍南、文成一带开展游击战争，创建游击根据地。特别是1935年11月中共闽浙边临时省委在泰顺九峰乡白柯土弯村正式成立后，游击根据地内的党组织迅速发展，政权组织普遍建立，一些地方还实行了土地革命，浙南革命根据地的地位得以确立并稳固发展。

这支队伍在失去和中央联系的情况下，不仅独立自主地保存和发展了革命力量，还四处游击，巩固了浙南革命根据地。

“陈辉就是在此时参加革命斗争并于1936年加入中国共产党的。”在聊到陈辉如何进行革命斗争的故事时，夏齐进告诉了记者这样的一件事。

当年，挺进师在进驻泰顺东北部地区后，严明纪律，不拿群众的一针一线。值得一提的是，在红军挺进师的常驻地，为了保证老百姓不遭受损失，红军部队一般不和国民党军发生正面冲突，而是将队伍拉出去打游击。就在红军轰轰烈烈进行革命斗争的时候，国民党军开始大规模“清乡”活动，虽然许多地方党组织遭受了严重的破坏，但有一批党的干部凭着革命者坚强的毅力，依靠群众，在老根据地坚持了下来。1937年3月，时任共青团瑞平泰中心县委书记的陈辉在平阳县东冲与挺进师政委刘英分别后，遵照刘英的指示返回泰平区坚持斗争。因当时在泰平区已无法公开活动，陈峰等同志就买了一些盐，借来一口锅和一些番薯米，转移到山后村与峰文村之间的莒岗土弯密林中进行隐蔽。

不久，国民党军和壮丁队到处搜山。莒岗土弯龙潭的革命群众郑子球因送粮给山上的同志被敌人逮捕，在毒打之下他没有泄漏半点机密，最后被杀害，致使群众再也无法上山送粮了。于是，隐蔽在山上的陈辉等20多人就靠野草充饥。日子久了，连食盐也没有了，但陈辉他们靠这一带的基本群众支持，在半饥半饱的生活中坚持了下来。

有一天，陈辉等人在彭溪镇板寮岗自然村山上被几个化装砍柴的探子发现了。天蒙蒙亮时，敌人包抄过来。经过激烈的战斗，虽然有人受伤或牺牲，但陈辉等多数人都趁雨天雾浓冲出了包围，进入了大山林。转战数日后，他们到了九峰乡半岗村。半岗的包建洪很热情，不但供饭，还安排同志们分散住宿。瑞平泰县的20多名干部就这样辗转不停地流动隐蔽，在敌人疯狂的“清剿”下，历尽艰难险阻坚持了下来，并迎来了以后的新一轮革命斗争。

对同志，关心爱护与信任

谢家管，1926年出生，离休前任泰顺县组织部副部长。当得知记者是为了追寻第一任县委书记陈辉的事迹时，85岁的老人动作、表情一下子仿佛年轻了几十岁：“要说书记啊，呵呵，我当时是他的文印保管员呢（给书记打印资料兼文员），陈书记的开会材料笔记都是我整理的。也就是当文员的经历，我的字才写得这么好。作为他的老部下、老同志，我告诉你，陈书记为人朴实、勤俭、爱护干部。”

接着，谢家管老人介绍了自己至今仍记忆犹新的、与陈辉书记的3次近距离见面。

1949年6月初，在福鼎解放前夕，泰顺中心县所属鼎平泰三县的武装都集中驻在月湖外村，准备配合解放军解放福鼎县城。谢家管被抽调参加接收国民党一个营的起义军。接收安置（在月湖水尾村）完后，他又被留下来做联络员。因为起义军营长要求见我党政军领导，谢家管在请示中心县委领导时第一次见到了陈辉。“当时还有福鼎、鼎平两县领导一起在场。陈书记听我汇报后，立即作出决定，既迅速又干脆的答复：可以见面。”

在带伪营长与陈书记见面来回的路上，谢家管发现：该伪营长很注意观察我方地方武装部队。在回驻地后，全营上下立即变脸，并不断地与驻地的群众有意摩擦。谢家管发现事情有些不对头，身边的群众也说这个起义军有可能要反水，于是他立即汇报领导。得信后，陈辉则立即写信向驻扎在平阳的解放军报告敌情。解放军首长接信后马上派出部队，平息了反叛。

1950 年春节后的一天，县委号召干部发扬党的艰苦奋斗的优良传统作风，学习南泥湾精神，开荒垦地、生产自救，同志们积极性很高。可惜的是人多、劳动工具少，要开工时，大家都去抢农具。当时在泰顺县人民政府秘书室工作的谢家管抢到了一把锄头，就在这时，县公安队一个比他高大的战士上来就抢他的锄头。争夺中，锄头碰到谢家管的头，顿时皮破血流。陈辉听到消息赶来现场，非常关切地问其伤势情况，并要他好好休息。隔了几天，陈辉还亲自查问了谢家管的伤口恢复情况，直到其康复。

1951 年的“七一”，仍在秘书处工作的谢家管接到县委通知，要调他去县委组织部工作。接到通知当天，谢家管立即去报到并得知是陈辉书记亲自点名把他调去的。因为多种原因，当时的组织部只有谢家管一个人。按上级要求，组织工作会议、干部工作会议、统计工作会议都要由谢家管参加。对此，陈辉表示组织部门没有部长，让其把会议精神带回来就行。“这说明陈辉书记对我非常信任。”沉浸在往事中，老人的表情幸福而骄傲。

对工作，严格要求并认真

7月13日下午，泰顺县委宣传部为记者约访一位年近八旬的老人——林清助，其离休前任泰顺县老干部局局长，曾是陈辉身边亲近的人之一。

在宣传部会议室，记者见到了手提雨伞、满头银发的林老。林老开口便道："找我来了解陈书记，你就是找对人了。泰顺县是1949年5月解放的，7月18日泰顺人民政府在泗溪镇成立，1950年7月23日，县政府搬到了现在的所在地罗阳镇，陈辉书记被组织安排在一所学校办公、住宿，我就住在他的隔壁，我当时在县委办秘书处工作。另外，我父亲是他的亲密战友。当时陈辉是泰顺县解放后第一任县委书记，我父亲林志东是政府副县长，要说陈书记的故事啊，还得先从我的父亲说起。"

1935年红军挺进师进驻泰顺地区以后，林志东兄弟三人先后参加了革命，1938年，林志东入党。1941年党内出现了叛徒，林志东的身份暴露，组织上立即安排他到温州继续坚持斗争。

1944年4月，林志东任泰东北地区区委书记、温州特委政治交通员，陈辉任鼎平泰中心县委书记，是林志东的上级。在敌后斗争中，林志东作为地下交通员经常冒着生命危险，为当时温州与鼎平泰中心县委传达信息。经过长时间的对敌斗争考验，他成为了陈辉最信任的人。

1949年冬的珊溪区还是国民党统治最严密的国统区，驻守在那里的国民党军利用险要的地势和优势的武器装备进行顽抗，甚至还放话出来说坚持几年没有问题。对此，陈辉立即指挥县大队、区小队开始战斗，并命令林志东联系清景丽的部队进行支援。

"当时1万多人的地方武装参加了战斗，战斗十分激烈，打了三天三夜才把敌人的碉堡攻破，至此，泰顺地区最有实力的国民党武装被消灭。”林老接着说，“在陈书记身边工作，实际上很是简单。虽然他对我工作要求很严格，但对我的生活照顾很好，经常与我和其他的年轻同志交谈，鼓励我们年轻人要多学文化，告诉我们路是自己走出来的，不能沾老一辈的光。”

“要用心去认真的工作。”这是陈辉当书记时经常讲的一句话，而他是这样说的，也是这样做的。

（本文作者系《中国县域经济报》记者张伟伟）

血浓于水的感情　无法用语言表达

山东省临沭县第一任县委书记——刘白涛

刘白涛

安徽省凤台人，1913 年 9 月出生，1938 年 2 月参加革命，同年 10 月加入中国共产党，曾任国民革命军新编六师连指导员、八路军团政治委员、政治处主任。1940 年 7 月，任苍马工委（临沭县委前身）书记兼办事处主任，为临沭县第一任县委书记。1948 年调入铁路系统工作，历任胶济铁路张店办事处党委书记、主任，杭州、上海铁路分局局长、党委书记，中国人民志愿军新建铁路指挥局副局长，铁道兵指挥所副司令员，铁道部基本建设局副局长、局长，南昌铁路局党委副书记、局长，鞍山钢铁公司党委副书记、副经理，铁道部办公厅副主任，上海铁路局党委书记，铁道部党组成员、副部长。1985 年 5 月 29 日病逝，享年 72 岁。

埋在临沭，是父亲的心愿！

古“琅琊八景”之首的“苍山叠翠”，是临沭人最钟爱的休闲娱乐佳境。山下，苍松翠柏掩映的滨海革命烈士陵园里，长眠着临沭第一任县委书记——刘白涛。

中国人讲究“落叶归根”，而家是安徽凤台的刘白涛，任临沭县委书记的时间并不是很长，为什么去世后要葬在鲁南一隅的临沭呢？

每年清明节都要前来拜祭老父亲的刘沭东如是说：“埋在临沭，是老父亲的心愿！临沭，是老父亲的第二故乡。我生在临沭，他给我起名为‘沭东’，给我打上了临沭的烙印。父亲爱临沭，爱临沭的山山水水，爱临沭的人民。革命战争年代，临沭人民虽然很穷，但是很淳朴、善良，他们养育了我们，支持我们打敌人。他们把最后的一把粮当军粮，最后的一块布做军衣，最后的一个儿子送到战场。那种血浓于水的感情，怎么能用语言表达！”

刘沭东回忆说，抗日战争时期，临沭县是我党着力开辟的一个县。1940 年 7 月到 1943 年 10 月，父亲一直任临沭县委书记兼县长。

刘白涛后任滨海二行署主任、专署专员，工作的地方主要在临沭。刘白涛初来苍马地区时，苍马根据地只剩下在徐家贺城、旺南庄、岭南头、曹庄一带南北不足 9 公里，东西不足 2.5 公里的面积只有 20 多平方公里的弹丸之地，被日伪军讥笑为“一枪可以打透”的根据地。面对如此严峻恶劣的环境，他采取了积极的措施，以革命的武装打击反革命武装，发动组织苍马地区的人民起来保卫抗日根据地。1940 年 7 月，他把地方上的零散武装集中起来，组成了苍马游击大队。12 月份，他在店头清真寺召开大会，成立了临沭县伊斯兰抗日救国大队（又称临沭县回民大队）。这些地方武装由办事处统一领导，配合八路军一一五师东进支队二大队英勇奋战，顶住了敌人穷凶极恶的进攻，保住了沭河以西的“弹丸之地”。

随着斗争形势的发展，县委相继在蛟龙、大兴、古贺、巡会、岌山、挂剑、沂滨、夏庄建立了区委和区政府，任命了区长、乡长和村长。到 1942 年 6 月，全县各级政府武装已发展到 867 人，群众武装

11314 人，有步枪 1589 支，群众武装人数已超过了全县人口的 3%。1943 年 3 月，临沭县大队又扩编为临沭独立营，全县政府武装和群众武装迅速发展起来。这期间，全县的地方武装除保卫地方政权、维护社会治安、开展游击战争外，还配合主力部队参加了击毙日军大队长小林的战斗以及郯城战役和醋大庄围困战。为此，省武代大会特致函慰问，省武委会也授予他们“包围据点模范”光荣称号。

发动群众，减租减息

发动群众、减租减息是党中央、山东分局和滨海地委反复强调和必须抓好的工作，但在工作中却遇到了不少困难。广大农民由于受封建思想的桎梏，害怕恶霸地主会反攻倒算，怀疑地方人民政权基础不牢、时间不长，弄不好会“种下苦瓜零碎啃”，减租减息运动很难开展。

为做好减租减息运动，刘白涛与爱人一起，不辞劳苦，做了许多艰苦细致的工作。

据曾经给刘白涛当过警卫员的许耀卿同志回忆：为搞好生产宣传，刘白涛爱人在怀孕后期仍走村串巷做群众工作，那时她的腿肿得厉害，但她却一心想着工作。

据资料记载，刘白涛将县里的领导骨干分成三套班子，扎扎实实地开展了以下几项工作：一是广泛发动群众进行宣传，宣传抗日救国的伟大意义、宣传抗日救国的发展前景、宣传人民民主政权的强大生命力，揭露地主老财剥削压榨农民的丑恶嘴脸，让广大人民群众树立起革命必胜的信心，动员人民群众积极投入到抗日救国和减租减息的斗争中去。二是对罪大恶极、甘心充当日本帝国主义走狗的不法地主进行了坚决的镇压。这期间，他亲自组织逮捕法办了大兴镇伪村长王守标，批斗了国民党第五区区长，蛟龙湾大地主胡伯衡和大兴区恶霸地主郑德轩，坚定了广大农民跟共产党走、抗日救国的信心。三是在王宅子村召开有300多名上层人士参加的地方士绅名流座谈会，刘白涛亲自到会讲话，号召士绅名流们顺历史潮流而动，支持拥护共产党的工作，做抗日救国、土地革命、减租减息的开明人士。

开展轰轰烈烈的大生产运动

刘白涛与临沭人民的深厚感情是在斗争和生产中建立起来的。

据曾采访过刘白涛同志的老党史工作者胡遵信同志回忆：一听说是临沭同志来搞革命斗争史时，已是铁道部副部长的刘白涛同志立马放下手头工作，亲自安排接待，他还关切地询问胡遵信：临沭现在百姓的日子过得怎么样？那里是革命老区，为革命作出了巨大贡献！

胡遵信回忆说，刘白涛在临沭工作期间，正是日伪军多次“蚕食”、反复推行“治安强化”运动、对根据地进行经济封锁的艰难时期。1942年，党中央向根据地发出了“咬紧牙关，度过最困难的两年”和“自己动手，丰衣足食”的号召。按照党中央的指示，临沭军民一手拿枪、一手拿锄，开展了轰轰烈烈的大生产运动。

在大生产运动中，全县各级党政军机关带头行动。刘白涛带领县委一班人在店头村开荒种地、养猪种菜、纺线织布。他们开垦出了七八亩荒地，种上棉花，当年亩产皮棉50多斤。同时，他将县、区、乡干部组成工作组，深入村户，发动农民群众搞生产。他们帮助群众订“安家计划”，让群众在自愿互利的基础上，把分散的劳力、牲口和农具集中起来，使群众有人出人、有牛出牛、有农具的出农具，组成互助组，相互变工种田。这种办法帮助农民解决了一些一家一户难以解决的困难，夺取了粮食的大丰收。农民们称赞说：“互助好，互助好，打的粮食真不少。你帮我来我帮你，大伙有饭吃，抗战有供给。有饭吃，有供给，打败鬼子迎接好日子。”

在生产运动中，县委、县政府还及时总结推广了先进典型。岌山区农民王殿信的哥哥已是县级劳动模范，而他则暗下决心一定要超过哥哥。他在自己的田地里搭上棚子，白天蹲在庄稼地里锄草、追肥、浇水，晚上睡在棚子里看护庄稼，他种的地瓜最大的达9斤多重，被誉为“地瓜大王”，当年也被评上了县级劳模，并参加了行署召开的劳模大会，行署还奖励了他一头大黄牛。这些做法，极大地鼓舞了农民群众的生产积极性，推动了根据地的大生产运动。在当时农业生产条件十分落后的情况下，临沭高粱亩产达到三四百斤，小麦亩产二三百斤，谷子亩产四五百斤，成为当地农业生产的奇迹。

胡遵信讲，在搞好农业生产的同时，白涛同志还根据当地的实际需要办起了轧花厂、造纸厂、卷烟厂，大的集镇成立了供销合作社，小的村庄成立了供销社，集市贸易十分活跃。由于政府加强了工商管理工作，制定了贸易税收政策，促进了根据地和敌占区之间的物资交流。当时根据地通用的“北海币”币值稳定、信誉很高，而敌占区却物价飞涨、伪币贬值、人心恐慌。

（本文作者系《中国县域经济报》记者史佩升、李忠、吴本笠）

处处和百姓打成一片

四川省南部县第一任县委书记——马浩天

马浩天

1920年8月出生于山西省曲沃县。1937年5月参加革命。1938年8月加入中国共产党。先后担任山西省牺盟会协助员，中共雁北地委秘书，中共山西省左云县委书记、怀仁县委书记，中共绥蒙区委党校支部书记，晋绥行署行政干校教育长。新中国成立后，历任晋绥分局党校二部组织干事，四川南部县委会地委委员兼县委书记、县长，四川省南充县川北区党校教育长，云南省楚雄地委书记，云南省林业厅党组书记、副厅长，云南省农业厅水利局副局长，云南省委民族工作部办公室主任，云南省民族事务委员会副主任、党组成员。1984年7月离休。2009年11月逝世。

6月15日，“追寻新中国第一任县委书记”大型主题采访组记者来到了四川南部县。

上午8点半，在南部县委宣传部副部长张永祥的办公室里，记者看到了关于南部县新中国第一任县委书记马浩天的简要资料：马浩天，山西曲沃人，1950年1月到1952年8月间任南部县委书记，1950年1

月到1952年3月还兼任了南部县县长。

老书记是个传奇人物

据《南部县志》记载，1950年1月4日，马浩天率领南下干部工作团23人到达该县。同年10月，经川北临时工作委员会批准，正式成立中国共产党南部县委员会，马浩天被任命为县委书记。县委成立时，仅有秘书室、组织部、宣传部、统战部。县委成立后，随即建立了下属各级党组织。1950年初，在马浩天的带领下，南部县委按照“小心谨慎、有组织、有领导、有计划地个别吸收”的原则发展党员。全县党员发展至205人，多是党政机关工作人员中的积极分子。1951年土改期间，又吸收了一批贫农、雇农积极分子入党。1951年，根据中国共产党第一次全国组织工作会议《关于整顿党的基层组织的决议》的精神，南部县开展了整党建党工作。1952年“三反”运动后，县委又对机关组织进行整顿，克服了组织不纯和思想不纯的问题。

随后，马浩天进一步加强了统一战线的工作。本着调动一切积极因素、努力化消极因素为积极因素、团结一切可以团结的力量的精神，他尽可能团结愿意合作的各阶层人士，孤立反动势力，胜利完成了镇反、土地改革、支援抗美援朝等任务。

对于以马浩天为首的老干部们，张永祥感触道：“他们口碑好、作风硬，是我们学习的榜样！”

时任南部县委组织部副部长兼党建办主任祝雄跃听说记者在追寻南部县第一任县委书记，热心地为我们提供了线索及联系人。谈及对马浩天的印象，祝雄跃说：“在南部人的记忆里，老书记是个传奇人物！至今，在南部县，还流传着他的故事。”

执行党的政策绝不打折扣

离开县委组织部，在县委宣传部工作人员陈林的陪同下，我们来到了南部县党史办，曾经在县志办工作过 5 年的王传直给我们提供了一些资料。

王传直说：“经常听老同志说，那时候干部执行党的政策绝对不打折扣！那时候，县委书记穿草鞋，骑马下乡。上级规定什么时间要办的事，就一定要在规定的时间里完成，绝对没有拖拉的情况发生。南部县解放后，条件艰苦，但是马浩天和其他干部特别能吃苦、特别能战斗，不图享乐、大公无私。艰苦创业的精神在他们的身上体现得淋漓尽致。”

随后，我们来到县老干局，有了更多的收获。南部县县委组织部副部长、南部县老干局局长兰吉春听说我们的来意后，马上四处联系，最后找到了曾经在马浩天书记手下工作过的几个老干部的电话。

至今健在的南部县检察院原检察长简耀是在 1951 年由南充地委调任南部任职的。

说起马浩天，简耀在电话里很激动：“他非常能干啊！当时南部来了很多南下干部，北方来的同志有些书读的少，大老粗比较多。马浩天是上过初中的，算是比较有文化的了。他生活艰苦朴素，平易近人，谨慎谦虚、勤奋、廉政。在那个年代，贪污受贿、收好处、开后门，没有这个‘概念’。”

老干局的司机老黄曾和马浩天有过接触。1986 年，在出差云南时，老黄曾特意去看望了马浩天书记。

“当时我给马书记捎去了两瓶四川产的好酒。马书记那时候身体还不错，精神也不错。收到来自四川南部的问候和关心后，马书记表示非常感谢南部人民还记得他，并托我捎回了对南部人民的问候。”

老黄说。

听说我们在追寻当地新中国第一任县委书记的故事和足迹，时任南部县委书记的何修礼在接受本报采访时表示，在发展县域经济的过程中，尤其需要干部群众充分学习、传承、发扬像马浩天老书记那样的艰苦奋斗、吃苦耐劳的精神，认真踏实执行党的各项方针政策，才能真正把全县的面貌改变，人民的生活水平才会有真正的提升。

心里始终装着老百姓

经过联系，记者见到了马浩天书记工作时的同事杜学隆。81 岁的杜老是南部县皂角乡人，1949 年 5 月入党，离休前在南部县民政局工作。

谈及马浩天书记，杜老也是很佩服："马书记是个相当有本事的人！在工作上很有一套。有几个方面值得现在的干部总结学习。一是善于团结同志，团结领导班子。二是理解政策很透彻，执行政策不打折扣。三是工作相当细致，而且有很高的技巧。四是非常有主见，不像现在的有些干部人云亦云。有这几个方面作保障，马书记在南部县的工作开展得很快，取得了不小的成绩。受到了许多人的拥护。"

杜学隆又帮我们联系到了马浩天书记的另一个同事——张树泉，他在工作中离马浩天书记的距离最近。

今年已经 83 岁的张树泉是山西大同人，身材高大魁梧。1950 年 1 月 4 日，他和马浩天书记一起来到南部后，做起了警卫员工作，和马浩天书记的警卫员王安详同住一个屋。

"马书记这个人很不错啊！"张树泉操着山西口音告诉记者，"他最大的特点是善于团结同志。到了南部后，他立即依靠地下党、民主人士等稳住局势，立即展开 1949 到 1950 年度的公粮征收、清匪反霸、土地改革，几招一出手，局势立即就稳定下来了。"

“马书记是在西安事变后参加革命工作的，后来到延安学习，分配到山西大同。曾经在火车上为躲避日本人的追捕而磕掉了两颗牙。他工作认真、理论水平高、工作细致、思想工作抓得扎实，也不偏听偏信，所以当时的民主人士都很拥护他。有一次，民主人士陈润民还拿出了4支卡宾枪、4支手枪、留声机，还有派克钢笔交给马书记，表示支持县委工作，并表示一定跟党走。”

张树泉随后带着记者来到了他在南部的家，并找出了自己和马书记的合影，还有马书记后来再次回南部时的合影。记者拍下了那些记载着无限战斗情谊的照片。

张树泉说，马浩天书记的夫人丁自立还健在。根据张树泉提供的电话号码，记者拨通了电话，接电话的是马书记的儿媳吴女士，她告诉记者丁老太太生病住院了。6月29日，记者再次致电，接电话的人正是马书记的儿子马春生。老人今年也已61岁。记者转达了报社对丁老太太的问候和祝福，马春生很高兴地告诉记者“母亲即将出院了”，并表示了对本报的感谢。

聊起父亲马浩天，马春生很自豪：“在我的印象中，父亲一心为了工作。刚来云南的时候，条件很艰苦，在云南省农林厅厅长任上时，他坐一个吉普车把云南的各地都跑遍了。为啥呢？民以食为天，父亲心里始终装着老百姓！”

马春生回忆道：“父亲很平易近人，在什么地方工作都没有官架子，处处都和老百姓打成一片，干群关系处理得很好。”

（本文作者系《中国县域经济报》记者戚原、张兀）

“难忘过去，难忘战友，难忘故土”

山东省茌平县第一任县委书记——韩雁北

韩雁北

1918年生，山东省茌平县冯屯乡武赵庄人。1937年10月参加革命。1938年12月加入中国共产党。1943年3月任东阿县委敌工部长兼独立支队副队县委副书记。1948年8月任茌平县委书记。1952年9月调任天津市财政经济委员会计划处处长，1955年任市计委秘书长、天津市计委综合计划处处长。1956年4月，任天津市人民委员会副秘书长兼市直机关党委副书记，1958年4月任天津市冶金工业局局长，1961年1月任天津市计划委员会副主任、党组副书记。1963年9月后，任河北省经委、省计委副主任。1972年中央加强石油工作，任河北省“八三”工程指挥部副总指挥，领导石油输出管道建设。1976年唐山大地震后参加河北省唐山抗震恢复建设指挥部领导工作，1983年6月离休，现居石家庄。

经多方了解，记者终于打听到山东省茌平县新中国第一任县委书记——韩雁北的下落。6月30日天还未亮，记者见到了韩老70多岁的弟弟韩振南及爱人、儿子一家，由他们带领，驱车400余公里去河北省石家庄市追寻这位山东省茌平县第一任县委书记。

上午 10 时，我们来到石家庄见到了韩雁北老书记。韩老住在一座建于 20 世纪 80 年代初的楼内，已 94 岁高龄的他红光满面。有客从远方来，韩老非常高兴。当他知道记者的来意时，不假思索地说出了他曾经工作战斗过的那些村庄的名字……

出身贫苦　立志成才

韩雁北 1918 年 1 月出生在山东省茌平县的贫苦家庭，9 岁那年，母亲因无钱医治被病魔夺去了生命。虽家庭贫寒，但家人仍省吃俭用供他上学。于是，他勤学苦读，立志成才。

他从小学一直读到济南第一乡村师范。师范毕业时，正值日寇觊觎我华北和全国人民爱国抗日之热情高潮之时，他毅然参加了县政训处创办的民运训练班并参加了中华民族解放先锋队，到乡村宣传抗日救国道理、组织救亡团体和抗日武装以及募捐款物、慰问伤亡战士和家属。

1938 年 5 月至 8 月，他先后参加了政治干校的学习和参观了八路军的驻地，受到徐向前、宋任穷等党和军队首长的接见和宴请，从而坚定了他的抗日爱国热情。从此，他和同学们一起背上行囊、唱着抗战歌曲加入了抗日救国的革命队伍。当年 10 月，他光荣地加入了中国共产党。

作为一名共产党员，他把党交给的任务视为生命，又带着党交给的任务回到家乡联络发动进步青年和农民加入八路军和党组织，使地方组织和武装迅速壮大，很快成立起了以张华夷（曾任农业部办公厅副主任，副部级待遇）任团长的地方武装常备大队。大队在一年多的时间内不断壮大，经过大大小小多次战斗的磨炼逐渐成长为一支政治觉悟高、战斗力强的革命队伍。

1945 年，已担任东阿县扩军委员会主任的韩雁北根据分区刘志远司令和邓存伦政委的指示，研究部署和做好了解放东阿的准备。5 月的一天夜里，我军开始强攻，经过一夜的激战和政治攻势，终于解放了东阿县城……

倾力完成重大历史任务

抗战结束后，韩雁北被调到茌平县委，先后任组织部长、副书记、书记。这一时期，土地问题变成农村社会最根本的问题，也是能否巩固和发展解放区的关键问题。1946 年 5 月中共中央发出《关于土地问题的指示》，韩雁北响应中央号召，带领党组织深入农村农民家中开展工作，放手发动大规模的群众运动。经过土地改革运动，农民领到了土地证，实现了“耕者有其田”，最终完成了土地改革运动、参军保田、镇反等重大历史任务和工作。

这时的山东形势也发生了根本性变化：山东大部分地区已解放并基本完成了土地改革，人民解放军由战略防御转入战略进攻。党的中心工作就是既要抓土改收尾，又要配合解放战争，动员青年参军，支援前线。

时任县委书记的韩雁北带领县委党组织深入农村动员党员和干部带头报名，使翻身后的广大农民政治觉悟空前提高。一时间，支持前线、保卫胜利果实成为翻身农民的愿望。在韩雁北的积极工作和“参军保田”的号召下，大批青壮年农民积极报名参加人民军队。1946 年，仅茌平县参军的战士就有 1 个营之多，到了 1948 年发展到了 1 个团。

同时，广大青壮年按战时要求踊跃组成民兵连、运输连、担架连等随军组织，将粮食、被服、弹药等军需物资源源不断地运往前线，将伤病员送回后方救治……每次组织和出发，韩雁北均亲自动员和指挥。茌平县每次以 510 个连的建制出动 500 多辆马车支援前线。

1950 年全国开展“镇反”，韩雁北和县委其他领导成员分头深入农村展开调查，鼓励发动农民检举揭发日伪时期的汉奸、特务以及罪大恶极分子，使隐藏和外逃的汉奸、特务和反革命分子纷纷落网。当年杀害革命烈士许兆乾的汉奸马五因无处躲藏偷偷潜回村里，韩雁北立即指示公安局进行抓捕，经审判后人民政府处决了这个罪大恶极的汉奸。

晚年幸福　难忘故土

20 世纪 50 年代初，韩雁北离开当时的山东省茌平县，调到天津财经委员会工作。1954 年财委撤销，成立了由市长吴德任主任的计划委员会，他任综合计划处处长，后来又任副书记、副主任，1956 年调市政府任副秘书长。1976 年唐山、丰南发生强烈地震，他参加领导了震后的恢复重建工作。

1982 年，65 岁的韩雁北离休后，参加了两年的老年大学书法班。在他看来，书法既修心养性又能锻炼身体。他每天都到公园做保健操、和老朋友聊聊天。同时，每天读报纸看新闻也是他的必修课。除此之外，他还乐意每天读读毛泽东选集和诗词，至今仍能背诵 30 多首毛主席诗词。

“我的家庭很幸福，4 个女儿，两个在天津，两个在石家庄，有 6 个外孙和外孙女，已是四世同堂，孩子们还常常陪伴他到故乡、到他战斗和工作过的地方，看望久别的乡亲、战友和房东……”谈起他的家庭，韩雁北一脸的幸福。

他的居室里摆放着简陋的沙发、写字台、书柜等，都是 20 世纪 80 年代时置办的，就连他睡的单人床也是那时留下的，孩子们几次要更换他说什么也不同意。

在韩雁北身上，既有老党员和老革命的本色、又有山东人独有的朴实和善良。韩雁北的保姆小赵说："韩爷爷心好善良，无论谁家有困难他知道了一定要帮到底。他在电视上看到汶川大地震后，立即给老干部处打电话要求捐款，居委会开展为汶川捐款他一下子捐了3000元，后来又通过老干部处捐了3000元。当听说有的学生因家庭困难上不起学，他便不留姓名地给人家寄钱，每年都是这样，这些年寄出多少就记不清了，像这些乐善好施的事太多了……"

当记者问韩老现在最需要什么和最想什么时，老人的嘴有些颤抖："我思念养育我的故土，怀念我的战友、想念我的亲人，我的战友在世上的已经很少了，请通过你们的报纸向这些为革命牺牲的战友和养育我的老乡说一声：我难忘过去，难忘战友，难忘故土……"

（本文作者系《中国县域经济报》记者吴本笠）

从地下工作者到起义领导人

广西灵山县第一任县委书记——陈铭金

陈铭金

1921年生，又名陈荣正，广西合浦县人，1945年2月灵山人民抗日武装起义的领导者和组织者，抗日战争后期和解放战争时期中共灵山县委领导人，中共灵山县委员会第一任书记。

1944年9月，陈铭金为中共灵山县联络员，主持中共灵山县地下工作。1945年任南路人民抗日解放军灵山大队大队长兼政委。抗日战争胜利至1947年10月，任中共灵山县负责人、灵山县人民武装部队政委；1947年11月—1949年3月，任中共灵横边工作委员会书记、粤桂边区人民解放军第十八团政委；1949年4月至灵山县解放，任中共灵山县委员会第一任书记、中国人民解放军粤桂边纵队第四支队第十二团政委。1951年8月，陈铭金改任中共灵山县委员会副书记，后调中共广东省委党校（即中共第六中级党校）任政治经济学教研室主任。1977年1月22日在广州病逝，终年56岁。

广西灵山县新中国第一任县委书记名叫陈铭金，他的经历是解放初期灵山县委领导的一个缩影，很有代表性。为此，记者来到了灵山县，探访陈铭金曾经战斗过的地方，追寻革命者的艰苦革命历程。

充满叛逆的青少年

在灵山县委宣传部副部长黄键的带领下，我们来到了陈铭金昔日的小学校友陈铭隆家中。陈铭隆虽然已是耄耋之年，但是精神状态很好。在他简陋的书房内，他讲述了陈铭金年轻时期的故事。

陈铭金出生在一个官僚地主家庭，曾祖父是清末冯子材部的一个武官，父亲也在国民党军队的陈铭枢部当过官，家境富有。他小时体弱多病，脚部留下残疾，行走不便。1927 年入私塾读书，1936 年夏到合浦五中附小插班读小学 6 年级。

1937 年秋，陈铭金考入了合浦五中。当时，共产党员张进煊在这里任教并进行革命活动。在张老师的熏陶下，陈铭金的视野开阔了、心胸宽广了。1938 年 10 月，他加入了中国共产党。

次年，他担任了五中党支部书记，并秘密建立读书会，组织关心国家大事、有正义感的同学学习《论持久战》《大众哲学》《新华日报》和《救亡日报》等，经常同他们一道谈政治、论形势。不少同学因此提高了政治觉悟，走上了革命的道路。1940 年 3 月 29 日，他在各地张贴八路军致电国民党的传单，并组织陈铭璧等进步同学到学校附近张贴。国民党官员发现传单后到学校搜查，陈铭金严词抗议。怒斥他们骚乱学校、破坏教学，并质问他们张贴八路军通电宣传抗日何罪之有。

陈铭金在五中读书时，带领进步同学到农村举办农民夜校，亲自编写夜校课本，并发动党员同学出钱买纸印课本。有的课本内容是宣传抗日的，如《抵制日货》中写道：中国货，中国做，中国人要中国货。他到离校 30 多里的六湖垌和泥岭等村办夜校，用通俗的语言，深入浅出地宣传革命道理。他还联络进步同学组织宣传队，在大王山、山口村、新木山和谭村等地开展抗日宣传，演出《松花江上》《放下你的鞭子》等话剧。由于陈铭金等在农村做了大量工作，许多农民受到了教育、提高了觉悟，从而走上了革命的道路。上述村庄有 100 多名农民参加了武器斗争，上述村庄后来也成为了革命根据地。

1940 年 4 月，合浦五中校长林宝鸿参加了蒋介石主办的苗芦山集训后回校，下令解散抗先队和抗日宣传队，迫害进步学生。陈铭金对林宝鸿的行为表达了强烈的不满，并与志同道合的学生会的领导人吴炳超、陈增忠等以学生会的名义发表了《告父老书》，揭露了林宝鸿解散抗日团体等罪行，发动全校学生罢课、驱逐反动校长。因陈铭金是驱逐校长的“主将”，林宝鸿视他为眼中钉，请求国民党官员指使陈铭金的伯父叫他退出学生运动，否则就开除学籍。面对反动势力和伯父的警告，陈铭金置之不理，继续坚持驱逐林宝鸿，结果林宝鸿将他开除。陈铭金被迫离开学校，转入秘密地下斗争。

从事地下革命活动

几年前，陈铭金在革命期间的老上司谭俊曾经写过一本名为《六县边的“火山”》的书，其中有很大篇幅是描写他们进行地下革命的经历。在灵山县党史办，记者找到了这本书，由此对陈铭金老人的地下革命活动有了较详细的了解。

1940 年 6 月，陈铭金到广州湾（湛江市）参加中共南路特委举办的训练班学习。当年 11 月，受中共合浦中心县委派遣，到中共西场区委会任宣传委员，不久被捕。后经姓冯的屋主（保长）担保获释。获释后，他到合浦的白石水、小江等地继续从事革命活动。1941 年 5 月下旬，陈铭金奉调灵山县。9 月，他与梁中光等合股开办“民众客栈”，以做勤杂工为掩护，秘密开展党的地下工作。10 月，他与岑嘉毅去小江，因住客栈无身份证明而被国民党乡丁拘留，后经梁中光以附城镇镇公所的名义行文保释。

1942 年 8 月，陈铭金受中共灵山特别支部委员会的派遣，去平山灵家村小学当教师，时间约两年。在灵家小学，他以教师职业为掩护，积极开展农村工作，发展刘益基等人加入中国共产党，并成立了中共灵家支部委员会，并任支部书记。期间，他培养了一批革命骨干、团结了一批基本群众，为以后开辟罗阳山区、泗洲山区为轴心的灵东北游击根据地打下了基础。

陈铭金在灵家小学担任国文和历史课教师。他教书又育人，既向学生传教文化知识，又向学生灌输革命思想。他经常利用上国文课的机会，讲一些补充教材，如《新华日报》的社论、鲁迅的杂文等。他通过讲解社论、分析杂文来抨击国民党顽固派的消极抗日、积极反共，揭露国民党顽固派的丑恶面目。他还结合上历史课、讲社会发展史等多种形式，鼓励学生要为共产主义事业而奋斗。

陈铭金治学严谨，一丝不苟。他不但要求学生严格遵守课堂纪律，而且要求学生离开学校之后也要有纪律。每天放学，他组织学生集队回家。为了做好党的工作，陈铭金呕心沥血、日夜操劳。白天，他肩负繁重的教学工作；晚上，他到农民群众中去，利用通俗的语言，深入浅出地向农民讲述国家大事，向农民宣传革命道理、揭示阶级压迫。他的话像一团烈火，在穷人心中燃起希望的火花。陈铭金在灵山工作期间，还注意在贫苦农民中发展组织。陈普隆等农民在他的教育下，阶级觉悟提高了，于是陈铭金介绍他们加入了中国共产党。

1944 年 9 月，中共钦廉四属的组织机关“永信烟庄”遭到敌特破坏，中共南路特委宣布停止中共钦廉四属的组织关系，指派陈铭金为中共灵山县联络员，主持中共灵山县地下工作。

战斗在祖国南疆

记者查找了2007年灵山县委党史办编撰的《灵山县新民主主义革命斗争大事记》，中间详细地记录了陈铭金老人领导灵山起义的史料。

1945年2月8日，根据中共广东南路特委的决定，灵山举行了武装起义，陈铭金任总指挥。他和莫平凡等起义的领导成员组织了500多人攻打县城。这次起义在灵山打响了武装反对国民党顽固派的第一枪，开启了灵山党组织领导灵山人民革命武装斗争的新时期。起义失利后，陈铭金率领起义队伍转移到农村，继续坚持斗争。

1946年2月，陈铭金主持了六正会议，总结了灵山起义以来游击队的建设经验，批判了各种错误的思想，坚持以无产阶级思想来建设游击队。会议决定：游击队必须服从党的领导，树立无产阶级思想，纠正单纯军事观点和流寇思想等错误观念，并决定把灵山游击队编为5个大队，在全县范围内开展扩军增枪运动。

1947年6月，中共中央香港分局指示：灵山游击队出击横县南部，支援横县起义。陈铭金部署灵山游击队两个连在灵山继续战斗以牵制敌人，他亲自率领五个连出击横南地区，纵横驰骋于南宁与横州之间的西江南北，调动、吸引了敌军8个团，并建立了横南游击区，扩大了粤桂边游击区，还成立了中共灵横边工委，陈铭金任工委书记兼人民解放军粤桂边区第十八团政委。1948年2月，在谭俊的领导下，陈铭金等开辟了六大县边区，为6县的解放和建立人民政权创造了有利条件。

三大战役的胜利，使蒋介石赖以维持反动统治的主要军事力量被歼灭殆尽，全国已处于革命胜利的前夜，敌人宛如惊弓之鸟。陈铭金抓住这一时机展开政治攻势，写下了《敦促敌人投降书》一文。原文如下："东北解放，四野南下。蒋家王朝，垮台在即。何去何从，由你选择。缴枪不杀，坦白从容。顽固到底，死路一条！”陈铭金写的《敦促敌人投降书》针对性强、鼓舞人心，形式活泼、广为流传，发挥了有力的宣传作用。

1947 年 11 月至 1949 年 3 月，他任中共灵横边工作委员会书记、粤桂边区人民解放军第十八团政委。1949 年 4 月至灵山县解放，任中共灵山县委员会第一任书记、中国人民解放军粤桂边纵队第四支队第十二团政委。1949 年 12 月 4 日，身兼第十二团政委的陈铭金派十二团寨乐大队的黎团、黎永捷当向导，配合南下的中国人民解放军第四野战军第十二兵团第四十军一一九师三五九团，于当日晚 9 时多一举攻下国民党正规军和保警共 1000 余人据守的灵山县城。5 日，与梁中光率领中共灵山县委和灵山县人民政府工作人员进驻县城，接收政权。在灵山解放后的半个月内，第二、四野战军的部分队伍经灵山南进，日夜兼程追击国民党部队。当时，经灵山南下的解放军络绎不绝，每天有几千人甚至几万人。陈铭金为了搞好支前工作，每日只休息两三个小时。

1951 年 8 月，陈铭金改任中共灵山县委员会副书记，9 月离职到中央党校学习，后调中共广东省委党校（即中共第六中级党校）任政治经济学教研室主任。1961 年，调广东省哲学社会科学研究所经济研究室工作。1977 年 1 月 22 日，陈铭金在广州病逝，终年 56 岁。

（本文作者系《中国县域经济报》记者陈自林）

十年滦县情

河北省滦县第一任县委书记——王子文

王子文

河北省迁安县（现迁安市）南观乡才庄村人。1940年加入中国共产党，先后任滦县党小组长、村党支部书记、分区委组织委员、分区书记等职，在滦县工作长达10年。后在国家计委、辽宁省水利厅工作，1989年2月病逝。

“我不怕”——不畏艰险上滦县

在河北省滦县宣传部外宣局长李冠宇的积极联系下，记者见到了曾在滦县党史办工作的陈发。陈老介绍：“新中国成立后滦县的第一任县委书记叫王子文，他是迁安人。王子文早在1943年的时候就开始在滦县主抓革命工作，新中国成立后被任命为县委书记。”随后，陈老介绍了王子文在滦县战斗、生活的事迹。

1942年，日寇在冀东发动了第四次、第五次“治安强化”扫荡，形势十分严峻。上级决定派王子文到铁路南地区。在出发前，路南工委书记丁振军找王子文谈话："路南斗争很残酷，日寇清乡扫荡，很多村庄被烧，人都跑光了，你敢不敢去？"王子文不假思索，立马答复："我不怕，多么困难的地方我也敢去。"

就是这句"我不怕"，开始了王子文和滦县长达10年的故事。

1942年11月底，王子文来到滦县路南地区。由于日寇两次"治安强化"扫荡，斗争环境极为艰难。据点里的小股敌人经常出来骚扰，他们抓民工、挖战壕、筑工事，鬼子的主力部队也不时出来扫荡。在如此艰难的条件下开辟党务工作，没有难倒初来乍到的王子文：他把扎根群众、站稳脚跟当成首要任务，坚信通过组织群众、团结抗日，就一定能有所成效。

据陈老介绍，当时王子文带了一部分人来到路南，他们每人除了一杆枪，再无其他东西。王子文吃住在农民家里，向他们宣传抗日救国的道理。农民的生活极为艰苦，离据点近的地方，连种地都不安全，收点粮食也会被日寇抢光。1943年春节，王子文在滦县大霍庄子一户农民家里与他们全家一起吃小米饭熬粉条。突然，敌人来了，王子文和同志们马上带领群众隐蔽，等敌人走后，他又返回各村活动。就是在这种敌进我退、与老百姓同呼吸共命运的斗争环境下，王子文和各村的群众建立了深厚的感情基础，不论他们走到哪里，群众都把他们当成家里人，知心的话也愿意对他们讲。陈老说，王子文说到当年的革命工作时，说过这样几句话："农民很实在，他们是通过我们这些人的行为来认识共产党的。"

通过艰苦细致的工作，局面逐步被打开，王子文等人先后在糯米庄等地建立起了群众抗日组织——齐心会，在南庄、大霍庄子等地发展了一批共产党员，并分别建立了党支部。这些党支部和共产党员们广泛联系当地群众，共同为挽救冀东危亡的抗日战争作出了贡献。

打基础——群众路线是个宝

在陈发的介绍下，滦县宣传部的王艳君帮我们在滦县古马镇包麻子村找到了陈发的同学王振双老人。当年王子文经常“入户蹲点”在王振双家。

在王振双家的土炕上，他讲起了当年的所见所闻。

“那个时候我岁数还小，许多事情也是后来听我父亲王林献讲的。我父亲和王书记关系很好。我父亲曾说过，1944 年春天，王子文和他的工作组到包麻子了解情况，突被敌军包围，发现敌情时，鬼子离他们只有十几步远了，当时任村保长的父亲冒死掩护王子文等人才使其绝境逢生。那之后，他们老哥俩的交情就建立了。”王振双说，王子文当年开展工作能因势利导，他经常跟老百姓唠家常、讲故事，用火热的爱国爱党热情感染群众。当时，不少村里的保长表面上是受敌军控制，但听了王子文和他的工作组的“爱国爱党”的宣讲后，暗地里都为共产党服务。慢慢地，王子文又发展了一批进步群众，争取了不少中间派，革命的队伍逐渐扩大。

王老告诉我们，王子文是个重情义的人。20 世纪 70 年代，尽管王子文已经到了辽宁工作，但他在离休后每隔一两年都要回到滦县来看望老乡们。

和王振双老人道别之际，他给我们提供了两条新的线索：西老里村的王永和老人曾和王子文并肩战斗过，如果健在，他了解一些情况；另一线索是，王子文的老伴黄克仍健在，现定居沈阳。

舍生忘死——信仰坚定盼光明

在西老里村，我们找到了 91 岁高龄的王永和老人。得知我们的来意，老人打开了话匣子。尽管年事已高，但老人的讲述条理清晰，对当年的那些战友仍是记忆犹新。“1943 年 7 月，王子文担任滦卢县第三区委书记，负责在滦张路西一带活动。10 月，宣传委员常利、教育助理董振邦及区游击队全体队员在前常峪村活动，由于开完群众会议后没有及时转移，遭到了敌军的包围。当时我是班长，带领大家和敌人打了阻击战。后来王子文带人来营救，我要冲出去，他拦下了我。我说，‘你是书记，我上！’但王子文硬是把我按下，带人开路，突围了出去，虽然救下了我，但当时开会的其余 9 人全部牺牲了。”说着，老人挽起袖子，给我们看了在这场阻击战中留下的枪伤。这一战，王子文的队伍也遭受重创，但对革命坚定的信仰让他没有丝毫退缩。

王永和说，当时王子文常说这样一句话：“今天脱下鞋和袜，不知明天穿不穿。”正是凭着这种将生死置之度外的精神，他坚持领导滦县百姓革命，并且迎来了滦县的解放胜利。

我眼中的王子文——老伴追忆爱侣

王子文书记的老伴黄克老人也是老革命，离休前曾在原辽宁省纺织工业厅工作。记者通过电话联系到黄克的原单位，离退处的一位李姓大姐告诉记者黄克老人现在辽宁省金秋医院疗养。

随后记者来到沈阳，见到了黄克老人。90 岁的黄老是河南罗山县人，1939 年入党，曾在李先念领导下参加革命斗争。“和老王认识，已经是解放后了，第一个五年计划时期，我们在国家计委工作时相识。后来组建家庭，回到沈阳。”黄老说。

“老王是个非常认真的人，处理事情讲原则，我给你讲两个关于他的小故事。一件是他当年在滦县工作时的，一件是他针对个人的。”

黄老说，1949 年夏季，滦县遭遇历史上罕见的大水灾，滦河决堤、洪水肆虐。刚翻身解放的滦县广大农民精耕细作的农田，眼看丰收在望，却遭此天灾，眼睁睁看着快到手的粮食毁于大水。他们心情沉痛，不少干部群众无心生产，只等挨饿。广大群众对抗灾度荒丧失了信心。面对这种情况，王子文带领县委领导班子全力投入到抗灾自救的斗争中。首先，他统一了干部的思想认识，其次，又做好群众的思想工作。发动群众开展了多采集野菜、大搞副业生产、多积肥、多种冬小麦等多项救灾工作，逐渐恢复了经济的发展。“他说，鬼子和国民党我们都打跑了，这点天灾算个啥？没什么能难得倒我们。”黄老说，王子文生前曾回忆说：“我在滦县度过了10年艰苦岁月，这是我终生难忘的一段。我与滦县人民群众同生死共患难，建立起了深厚的阶级情感。”

另一件事，是当年在“三反”期间，有个在滦县的天津人，当时被组织认为“有问题”，可多年后，经核实，此人得到了平反。王子文得知后，多次给其家属写信表示歉意，最后，对方原谅了王子文。“他告诉我，人家不原谅，他就一直写，再不行，他就去天津登门请罪。不能得到人家的原谅，他不安心啊。”黄老说，“这个事情让我一直很感动。”

“老王也是个爱学习的人，他小学读了四年书，能识字写字，后来还研读四书五经，这些传统的东西让他看问题更深刻。他很聪明，许多东西一学就会，像地里的农活，他就是个行家。”

黄老告诉记者，老伴于1989年病逝，“老王走了20多年了，但是从他身上学到的东西让我获益很多。”黄老说。

临别之际，黄老还特意为我们题了词：“追寻共和国第一任县委书记活动很有意义！”

（本文作者系《中国县域经济报》记者郭宇廷、李杰）

永葆革命乐观主义精神

吉林省双阳县（现长春市双阳区）第一任县委书记——崔智

崔智

1919年10月7日生于河北省蠡县北大留村。1938年8月加入中国共产党。曾任辽宁抚顺市委教育科长、抚顺县委宣传部长、吉林双阳县委书记、吉林市委组织部长、吉林省检察院副检察长、党组书记；长春市检察院检察长、党组书记。1983年6月离休。

顶着蒙蒙细雨，记者准时应约与吉林省委党史研究室资料处处长宋晓红一道来到了位于长春市朝阳区的一栋居民楼下，原双阳县（现长春市双阳区）委书记崔智就住在这栋楼里。

崔老高高的个子，操一口冀中方言，热情地招呼着记者：进来、进来！这是一套普通的老式两室一厅住房，屋内摆着老式的家具，令人有种置身20世纪70年代的感觉。崔老虽已92岁高龄，但头脑清醒，谈起过去的事情，他仍显得激情满怀。

坚定的革命者

崔智1919年出生于河北省蠡县北大留村，8岁开始读书至15岁。"七七事变"后，日本帝国主义侵占了华北大片土地，平、津、保（定）相继陷落。面对打到家门口的侵略者，崔智毅然参加了抗日救国活动。1938年8月，他加入了中国共产党。

谈起后来如何辗转来到东北，崔老依然记忆犹新："1945年9月，根据当时的形势，组织上调我到东北工作。蠡县县委书记夏炳贵送给我一支德国造手枪，陈士明书记送给我几发子弹，邓国治局长替我换了点银圆，宣传科长老曾送给我一块手表……我也把蚊帐等一些日常用品送给了战友，互相表示了欢送离别之意……"言语间透出了崔老怀念昔日战友的深情。

一支开赴东北的干部队伍就这样由泗沭地区出发了。到达东北后，崔智被安排到抚顺市委宣传部任教育科长，在此期间，他开办了多期中、小学校长及教员训练班，向他们讲解党的政策，宣传当前的形势与任务等。这时，组织上又决定由崔智带领一批干部（有从前线退下来的，也有从山东调到东北来的干部）去哈尔滨接受新的任务。他们经过长途跋涉，走出了长白山，到达安图县城，休息两天后又乘火车到达哈尔滨。

到达哈尔滨后，崔智被任命为东北铁路职工学校教导副主任兼教育科长、党委委员。学院经常邀请李立三、吕正操、高崇民、车向忱、韩梅村（起义将军）、黄逸峰等高级干部给学员讲课，收效很好。之后，崔智还先后被分配到吉林市、长春县等地工作。1949年2月，他被任命为双阳县委书记，在这个岗位上工作了近3年。

双阳是个半山区，县里经济比较困难，农户也很贫困。崔智带领县委一班人领导广大农户大力发展农业生产。由于农民土改后有了土地和生产工具，他们开展农业生产的积极性很高。崔智还领导广大农户成立了各种类型的互助组，互助组之间开展比、学、赶、帮、超竞赛，使双阳的农业连年获得大丰收，秋后送公粮的队伍排出很长。同时，他们还调动农民的积极性，用各种方法鼓励农民发展畜牧业及其他副业，目的就是要不断提高人民的生活水平。县里没有工业，经济困难，他们靠自力更生先后办起了煤矿、石灰厂、皮革厂、酒厂、农机厂和小发电厂等。

无私的父亲

几天后，按照崔老给我们的电话，我们联系到了崔老的三儿子崔建林，他是吉林省计生委的干部。通过他的讲述，一位大爱无私的可敬父亲形象清晰地呈现在我们面前。

“父亲最大的优点是对生活始终充满信心，有着大无畏的革命乐观主义精神。”崔建林评价说。

1959 年，崔智和许多人一样被打成了右派，但崔老没有被压倒，而是积极的申诉。他坚信历史是公正的。他仍然坚持每天锻炼身体，安心参加劳动改造，并开导其他同志要坚强地活下去、要相信组织、要注意身体创造条件等待未来。

崔老经常告诫子女和亲戚朋友：“遇事不要钻牛角尖，不要想不开。考不上好学校就去差一点的学校读书；这次组织上没重用还有下一次机会，同时也说明自身存在着一定的问题，还需要再努力；对自身名利必须客观看待。”

让崔老的子女记忆终生并感到骄傲的有两件事。一是崔老有四名子女。女儿是老大，也是崔老最宠爱的孩子。1977 年 7 月，崔老最疼爱的女儿却因医院误诊而不幸去世。吉林省卫生厅领导要求彻查此事，并严厉追究医院和医生的责任。在万分悲痛的情况下，崔智含着眼泪对卫生厅的领导说："人都死了，再定医疗事故，会给医院造成不好的影响，那位医生的前途也就完了，而且国家还要拿出很多钱。这事儿就算了。转告那位大夫今后工作认真一些，医术还需要精益求精。"短短的几句话，让所有在场的人无不动容。

二是1984年，由于家里人口多、居住面积小，吉林省政府批给崔智一套位于长春市的两室一厅住房。后来，崔老当时所在的单位吉林省检察院按标准又分给其一套住房。让大家没想到的是，崔智不顾家人反对，硬是把省政府特批给他的房子无条件地交给了省检察院。为此大家都很不理解，崔智说："没房子住的人还很多，我们不能只想到自己，应该帮助社会解决一点点问题。"

"父亲从来都是这样，为了党的事业，为了国家的利益，为了别人的事情，他从不计较个人的名利、得失。父亲是我们永远的榜样！"崔建林说。

可敬的领导

随后，笔者与吉林省委党史研究室的同志又采访了崔智的两位老部下——当时的双阳团县委书记唐国忠和崔老当年的警卫员穆奎星。

"对崔书记印象最深的是他工作作风踏实，密切联系群众，以身作则，经常带头深入基层。"在唐国忠老人家里，两位老人向笔者介绍了记忆中的崔书记。

崔智在双阳工作期间，经常率领县委机关干部深入到农村参加农业生产。他经常去的地方是杏树乡的茶树村。刚解放，为搞好农业生产，他组织起一个有10家农户参加的互助组。互助组人合心、马合套，成了典型。不久，县委在那里召开了互助组经验交流大会，向全县进行了推广。

当时干部的生活都是供给制，比较艰苦。为了给大家改善一下生活，崔智带领机关干部利用业余时间把县城周边的荒地开垦出来种菜，以补充同志们的生活。那时候，年轻的他常带头参加义务劳动。

“崔书记对部下也非常关心。他经常到农村搞调研，那时候交通非常不方便，多数时候是坐马车，老百姓吃啥他吃啥，从不搞特殊化。我们当时都 20 多岁，他对我们总是嘘寒问暖，关心备至。”穆奎星老人插话说。

崔智对犯错误的同志也不放弃、不排斥，而是耐心帮助，不让每一位同志掉队。当年县里有一位同志，1946 年参加革命工作，曾参加过三下江南的战斗，资格比较老。但他骄傲自满，总跟别人攀比，和大家不是很团结，对此群众反应很大。崔智知道后主动找这位同志谈话，耐心做他的思想工作，帮助他认识自己的错误，使这位同志改正了错误，能够与大家一起共同进步。

两位老人说，崔书记平易近人、生活朴素。他和群众打成一片，县里的干部、工人、农民都愿意跟崔书记唠家常，无话不说。记者从崔智的自传中了解到，从 20 世纪七八十年代直到离休前，他一直工作在省、市的检察系统，而且担任重要的领导职务，为国家的发展和建设贡献了力量。我们衷心祝愿崔智老人健康长寿，幸福快乐。

（本文作者系《中国县域经济报》记者王天武、宋晓宏）

龙岩骄子的风雨情怀

福建省漳平县（现漳平市）第一任县委书记——张震东

张震东

1921年8月26日生于福建省龙岩县（今龙岩市新罗区）西桥村。1940年12月参加革命。1941年5月参加中国共产党。1947年3月任中共龙岩中心区委书记，同年7月任县委宣传部长。1949年1月，龙岩县委书记吴潮芳调边区党委干校学习，张震东代理县委书记。1949年6月任中国人民解放军闽粤赣边区纵队独立第五团副政委兼政治部主任。新中国成立后，张震东任漳平军事代表团主任兼书记，首任漳平县委书记兼县长。1957年2月，龙岩县委第二书记。1959年7月，任龙岩专区林管局生产科长，后任省森工局第六工程处主任。1982年10月起任龙岩行署副专员。1983年7月离休，1999年5月23日病逝，享年78岁。

福建省漳平县新中国第一任县委书记张震东是闽粤赣边区的老革命、老领导，是闽西有影响的革命人物之一。他曾任龙岩县委代书记，漳平县委书记、县长，龙岩专署副专员等职。他率领部队驰骋闽粤边，南征北战、出奇制胜；他意志坚强、刚直不阿、务实求真，敢于直面抗击错误的“风暴”，一生颇富传奇色彩。

为寻访他的相关史料，记者分别联络到龙岩市委宣传部副部长的赖才魁、龙岩市委党史研究室副主任苏俊才及新罗区委党史研究室主任符维健，在这些同志的协助下，我们了解到了这位漳平县新中国第一任县委书记的事迹，并试图呈现出这位老革命传奇的一生，以飨读者。

童年苦难　投身革命

符维健曾主编过《独五团与龙岩解放》《风雨情怀张震东》两本书，他为我们详细介绍了张震东的生平。

1921 年 8 月 26 日，龙岩城西西桥村一农家添了一个男丁——张益木（后改名张震东）。他的父亲长期背灼烈日、以农为业，但是，增加一口，生活负担加重，父亲只有没命干活，才能勉强度日。张震东 1 岁半时，父亲劳累过度，得了一场病卧床不起，不久便被病魔夺去生命。童年的张震东肩搭破麻袋，穿大街、走小巷、拾猪屎、狗屎、菜叶和煤渣过日子。张震东 4 岁时，母亲改嫁给条围村郭逢政为妻，于是他随母亲到郭家生活。

苦难的童年锻炼了张震东坚强的意志，使他在青少年时期就积极投身革命，表现突出。1937 年，闽西国共第二次合作，鼓舞了张震东的抗日斗志，1938 年 5 月，新四军第二支队离开龙岩不久，国民党进行反攻夺田，龙岩党组织领导农民开展保田抗租斗争，张震东参加了这场尖锐复杂的斗争。1939 年，张震东利用放牛、帮人干农活的机会，暗中与地下党联络，参加反对收“军米”、反对占田办“农场”的斗争。由于“白色恐怖”，张震东随时都有被捕的可能，1940 年，党组织决定让他上山参加游击队，在闽西特委特务班任战斗员，1941 年 5 月，由邱锦才介绍，他光荣地加入中国共产党。

解放漳平　再立新功

在艰苦卓绝的环境中，张震东逐步成长为一名叱咤风云、使敌闻风丧胆的出色的军事指挥官和我党优秀的领导干部。

1949 年 9 月间，中共闽西地委和中国人民解放军闽西南临时联合司令部，根据中共漳平县临工委的情况汇报，开始组建中国人民解放军闽西南临时联合司令部派驻漳平县军事代表团的组织机构，同时筹备成立中共漳平县委，使县委包含于军代团内，对外暂不公开。10 月上旬，中国人民解放军漳平县军事代表团正式成立，张震东任主任。与此同时，中共闽西地委撤销漳平临工委，成立中共漳平县委，委任张震东为县委书记，归中共福建省第八地方委员会（即中共闽西地委）管辖。

中共漳平县委成立后，以张震东为首的中共漳平县委对漳平县党政军组织实行统一指挥、统一领导。

1949 年 12 月底，闽西南临时联合司令部决定将中国人民解放军闽粤赣边纵队第八支队第八团第五营第十八连改编为漳平县大队，大队长由林富生担任，政委由军代团主任、县委书记张震东兼任，着手剿匪反霸，进行社会改造，张震东为漳平人民的彻底解放再立新功。

此时的张震东身兼漳平县委书记、县长、县大队政委三职，仍保留工农本色，没有官架官气，与周边同志、警卫战士融洽无间。龙岩来的同志因他行动快捷，叫他“摩托车”，偶尔被他听到，也毫无愠色。他重视工作效率，容不得推诿拖拉。每当要草拟文件、信函时，他常习惯地蹲在记录者对面的藤椅上，双手抱膝，边授意边抽烟，直到看过拟好的稿子，认为满意后才离开。

解放初期，漳平县交通封闭，境内没有车路，从漳平赴龙岩专区参加会议需步行 60 公里，一般干部需步行一天半，而张震东一天就可到达。为解决这一困难，上级同意骑马代步，而马仅有一匹，张震东骑马，随行人员步行，他认为这样会无形中同群众产生距离、滋生隔阂，群众会敬而远之。于是张震东不搞特殊，以后马也不骑了，大伙一起走路到龙岩开会。

1952 年，国家颁发新的婚姻法，废除包办、买卖的旧封建婚姻制度，从此讨老婆不要聘金，痛苦的父母包办的夫妻关系可以解脱，贫苦农民为此大欢呼。但在民间习惯阻力依然很大。张震东教育民政干部要大力宣传、排除阻力，保护受苦农民的合法权益，贯彻好新的婚姻法。一段时间内，全县各地出现了结婚、离婚热潮。

记者查阅资料，推算出了张震东担任漳平县委书记的时间节点：1950 年 6 月至 1951 年 6 月，张震东任县委书记兼县长；1951 年 7 月，龙岩地委调派余山任漳平县委书记，此后，张震东任县长；1954 年 8 月至 1955 年 4 月，张震东再任县委书记；1955 年 4 月至 1955 年 7 月，张震东荣任中共龙岩地委委员。

发挥余热　建设家乡

记者在龙岩市采访的第二天，如约见到了张震东的儿子——龙岩市红十字会常务副会长的张龙生。

张龙生说：“很多人都说我爸是一条硬汉子，因‘文化大革命’期间的错判，在监狱服刑 12 年，仍然坚定共产主义信念，对党没有动摇。平反后，他积极投身工作，勤勤恳恳为人民服务。离休后，继续发挥余热。这也是他留给我们子孙的精神财富。”

1983 年 1 月，考虑到身体健康，张震东办理了离休手续。张龙生说，虽然离休，但此时身体不好的张震东，一边调养身心，一边感到任重道远。“革命传统不光要宣讲，还要印成书，才能更好地一代一代传下去。”“以史为鉴，以史育人”，张震东把这一件事当作非常重要的大事积极支持。1987 年，他主动协助新罗区委党史办公室同志到东肖、红坊、西陂、江山、大池、小池召开党史座谈会，搞清楚龙岩工作团问题。他为编写出版《龙岩人民革命史》不遗余力，多次出席审稿座谈会，实事求是地根据亲身经历积极发言，坚持正确意见、纠正不准确的事实，并为闽粤赣边区一系列党史丛书的出版尽了自己的努力。

他常说："饮水思源，当年老区人民提着头闹革命。今天，我们不能忘记了他们的贡献。"他为闽西老区的建设出谋划策，鼓励群众充分利用当地资源艰苦奋斗。

张龙生举例说："比如我爸曾任省森工局第六工程处主任，对林业熟悉，素有经验，因此他被区委领导请去担任顾问，协助家乡做好林业改革工作。"

龙岩属福建省重点林区之一，江山乡和万安乡的部分山区属于国家级梅花山自然保护区的组成部分，是"北回归荒漠带上的绿翡"，是人类研究自然生态的宝库。当年，张震东就是在这片茂密的山林里打游击，与敌巧妙周旋的。

但在集体林权体制下，经营收益由村集体决定，林农对林地几乎毫无支配权。每到造林季节，村里不管怎么动员，群众就是没有积极性。造林找不到人、防火找不到人，而乱砍滥伐却接二连三发生。对此，张震东提出了以放活经营权为基本思路的管理体制改革，以提高林农积极性，使林农也能从森林资源流转中获得较高的林业收益。在他的努力下，新罗区的林业生产在改革开放以来生产面貌有了很大改观，通过管理体制的改革，调动了林农造林管护的积极性，使林业生产蓬勃发展。

1999 年 5 月 23 日下午 5 时 40 分，这位党的忠诚战士、龙川骄子的心脏停止了跳动，享年 78 岁。5 月 27 日，在龙岩市第一医院吊唁厅举行了隆重的追悼会，市、区领导及张震东生前好友 1000 多人参加了追悼会。时任福建省副省长的黄小晶打来电话表示哀悼。龙岩市委副书记、市政协主席杨金龙介绍了张震东光辉的一生，称赞他“一生光明磊落，刚正不阿，勤奋好学，开拓进取，勇于创新，敢于承担责任，表现出强烈的事业心、责任感和很强的组织领导能力。”

2010 年 5 月，由龙岩市新罗区委党史研究室与闽粤赣边老同志联谊会共同编写的《风雨情怀张震东》一书由中国文史出版社出版。翻开这本书，通过他个人的历史，也能折射出闽西老区革命和建设的艰苦历程。

（本文作者系《中国县域经济报》记者黄长秋、朱亚圣）

附录 部分媒体的宣传报道

收获的不仅是史料，更是催人奋进的精神财富

——“追寻新中国第一任县委书记”大型主题采访活动扫描

郡县治，天下安。

作为党的领导干部队伍的重要组成部分，县委书记是党领导全国人民进行革命、建设、改革和发展的重要领导力量。他们中涌现出的谷文昌、焦裕禄等杰出代表，成为一代又一代共产党人宝贵的精神财富。

为庆祝中国共产党建党 90 周年和中华人民共和国成立 62 周年，从 4 月起，经济日报社所属的中国县域经济报组织开展了“追寻新中国第一任县委书记”大型主题采访活动。

这批新中国成立后的首批县级领导从烽火岁月中走来，怀着对党的无限忠诚和坚定信念，为社会进步与人民幸福无私奉献。

“我们选取革命和建设转折时期的新中国第一任县委书记为报道主题，目的是追寻和缅怀他们的历史足迹，抢救和挖掘他们的光辉业绩，总结和反映他们的卓越贡献，铭记和宣传他们的丰功伟绩，学习

和传承他们的奋斗精神，为建党 90 周年献上一份厚礼。”中国县域经济报社社长许宝健如是说。

《永远不变是对党的信念》《“两灌”人民的骄傲》《舍“小”家保“大”家的革命者》《没有为亲属开过一次后门》随着一篇篇稿件见诸报端，莫珊、杨肇庭、于康、何春台等一批新中国第一任县委书记重新走入公众视线，并以他们丰富的阅历、革命的精神、顽强的斗志，给人感动、启示和激励。

江苏省通州市委宣传部副部长丁燕认为，这个系列报道不仅帮助读者认识了许多为新中国成立初期做出重大贡献的县委书记，更了解了他们身处的那段历史。“尤其是像我们这样的年轻干部，更加感受到革命的胜利来之不易。”

“看看老一辈在那样艰苦的条件下，却有那么坚定的信念和顽强的斗志。如今，生活条件提高了，他们依然保持着朴素的生活，我们深受教育。”河南省委办公厅老干部处处长齐建华说。

河南省委党史研究室副主任王俊表示：“新中国第一任县委书记中的大多数已不在世，但他们的精神，却对我们有永恒的启迪。”

河北省赵县 72 岁的老党员张锁贵，14 岁时就在当时的县委参加工作。“那时县委书记的事，现在想起来清晰可见，想想过去，看看现在，感受了党的伟大。”

对于参与此次主题采访活动的记者而言，这不是一次简单的采访活动，而是一次党史和革命斗争史的教育活动，是一次难得的革命传统和革命精神的洗礼。

（本文来源 2011 年 6 月 16 日新华网）

中央电视台“新闻联播”报道

——“追寻新中国第一任县委书记”主题采访活动

事迹感人　反响强烈

——记“追寻新中国第一任县委书记”主题采访活动

45 年前，长篇通讯《县委书记的榜样——焦裕禄》轰动全国。从此，中共兰考县委书记焦裕禄的感人事迹打动了一代又一代中国人，成为所有中国共产党人的楷模。其实，像焦裕禄这样的好书记在新中国 60 多年历史中层出不穷，各地的第一任县委书记以他们的智慧和胆识，为新中国成立初期基层的建设、发展和稳定做出了重大贡献。

从今年 4 月开始，经济日报社所属的《中国县域经济报》开展了

“追寻新中国第一任县委书记”大型主题采访活动。

《永远不变是对党的信念》《“两灌”人民的骄傲》……一篇篇精彩稿件问世后，一位位新中国第一任县委书记走入了大众视野，他们的事迹催人奋进，启示和激励了广大读者。

各地读者反响强烈，人们对这些优秀县委书记的缅怀发自内心。江苏省句容市史志办的朱延生认为，新中国成立后的第一批县级领导，都是老革命，对党的事业有着坚定的信念，对新中国成立初期的社会建设有着突出的贡献。“此次活动十分有意义，让鲜为人知的优秀共产党员事迹展现在读者面前，感人至深。不仅为党史收集了资料，同时也为各地收集了珍贵的地方历史资料。”河南省济源市档案局局长王爱竹说。河南省光山县新中国第一任县委书记魏钦公的女婿，现任清华大学教授吴潜涛表示：“记录和宣扬老一辈革命家的革命精神和卓越贡献，更重要的是能让如今浮躁的年青一代增加对党史和党性的认识，发挥教育和引导作用。”

（本文来源 2011 年 6 月 17 日《人民日报》，作者系《人民日报》记者陈原）

发扬光荣传统　传承革命精神

——中国县域经济报“追寻新中国第一任县委书记”主题采访活动反响热烈

作为党的领导干部队伍的重要组成部分，县委书记中涌现出的谷文昌、焦裕禄等杰出代表身上所展现的时代精神，成为共产党人宝贵的精神财富。

为庆祝中国共产党成立 90 周年和中华人民共和国成立 62 周年，从 4 月起，经济日报社所属的中国县域经济报社组织开展了“追寻新中国第一任县委书记”大型主题采访活动。新中国成立后的首批县级领导怀着对党的事业的无限忠诚和坚定信念，为社会进步与人民幸福作出了重要奉献。

“我们选取革命和建设转折时期的新中国第一任县委书记为报道主题，目的是追寻和缅怀他们的历史足迹，抢救和挖掘他们的光辉业绩，总结和反映他们的卓越贡献，铭记和宣传他们的丰功伟绩，学习和传承他们的奋斗精神。”中国县域经济报社社长许宝健如是说。

《永远不变是对党的信念》《“两灌”人民的骄傲》《舍“小”家保“大”家的革命者》《没有为亲属开过一次后门》……随着一篇篇稿件见诸报端，莫珊、杨肇庭、于康、何春台等一批新中国第一任县委书记重新进入公众视线，以他们丰富的阅历、革命的精神、顽强的斗志，给人感动、启示和激励。

在追踪采访过程中和稿件陆续刊出后，各地干部群众反响强烈。许多读者表示，这次主题采访活动本身就是党史和党性教育的生动一课。

江苏省通州市委宣传部副部长丁燕认为，这个系列报道不仅帮助读者认识了许多在新中国成立初期作出重大贡献的县委书记，更了解了他们身处的那段历史。

“看看老一辈在那样艰苦的条件下，却有那么坚定的信念和顽强的斗志。如今，生活条件提高了，他们依然保持着朴素的生活，我们深受教育。”河南省委办公厅老干部处处长齐建华说。

河南省委党史研究室副主任王俊表示：“新中国第一任县委书记中的大多数已不在世，但他们的精神对我们有永恒的启迪。”

见报的一篇篇稿件，不仅传播了宝贵的精神，还对珍贵的史料进行了挖掘和梳理。

“此次报道活动十分有意义，不仅是庆祝建党 90 周年新闻宣传的一项创造性工作，也为党史研究作出了贡献。这次采访活动有助于我们把工作做得更细致。”河南省济源市档案局局长王爱竹说。

山东省邹平县委书记王传民称赞说，“这次主题采访活动为新中国成立之初这段历史留下了宝贵的资料，也为我们现在的工作提供了动力。”

（本文来源 2011 年 6 月 17 日《经济日报》，作者郑彬）